VERMÖGEN GEERBT, WAS NUN?

Manuel Heckel · Jan Wittenbrink

Stiftung Warentest
Finanztest

Das eigene Häuschen

100

Plötzlich rückt etwas in greifbare Nähe, das vor einem Jahr noch undenkbar war: Ein eigenes Häuschen, die Eigentumswohnung oder das Ferienhaus. Wir zeigen Ihnen, was es bei der Budgetplanung zu beachten gilt.

Vom Vermögen leben

Darf es etwas mehr sein? Sie können sich von Ihrem Vermögen einen monatlichen Zuschuss auszahlen lassen – zum Beispiel über einen ETF-Auszahlplan. Die Summe können Sie selbst festlegen und anpassen.

Aus viel soll mehr werden

23

100 000 Euro könnten sich innerhalb von 20 Jahren verdoppeln oder in der Kaufkraft um fast ein Drittel abnehmen – die richtige Anlagestrategie spielt eine große Rolle.

Inhalt

78

-33%

01

Ist das wirklich mein Vermögen?

Ja, das gehört jetzt Ihnen!

Mit dem neuen Geld kommen viele Gedanken: Was können, wollen, müssen Sie mit einem geerbten Vermögen machen – das Ihre finanzielle Situation auf einen Schlag verändert?

Das Geld ist da – unversehens gehört Ihnen ein Vermögen. Alle eventuell anfallenden Steuern und Abgaben sind entrichtet, und eine nie dagewesene Menge Geldes ist plötzlich verfügbar. Die erste Botschaft, die Ihnen dieses Buch mit auf den Weg gibt: Sie kriegen das hin!

Vielleicht fühlt es sich zu Beginn nicht so an. Wenn sich die emotionale Belastung und das Durcheinander rund um einen Erbfall langsam legen, die atemlose Organisation rund um Tod, Beerdigung und Nachlass ein vorsichtiges Ende findet, wenn die Trauer wieder etwas mehr Raum für einen vorsichtigen Alltag lässt – dann ist da das Vermögen. Ihr Vermögen.

Eine größere Geldsumme, ein gefülltes Konto, Wertpapiere, eine Immobilie, ein Grundstück, teurer Schmuck. All das, was Ihnen nahestehende Personen nach dem Tod hinterlassen haben. Oder Verwandte oder Freunde haben Ihnen etwas als vorgezogenes Erbe – also eine Schenkung – zukommen lassen. Ein Betrag, der Ihre bisherige finanzielle Situation unter Umständen auf den Kopf stellt. Schätzungen von Forschern nach werden in Deutschland jährlich 300 bis 400 Milliarden Euro vererbt.

In vielen Fällen ist ein derart erhaltenes Kapital der größte direkte Vermögenszuwachs, den ein Mensch in seinem Leben erfährt. Eine erfolgreiche Karriere mit regelmäßigen Gehaltssteigerungen sorgt im besten Fall über die Jahre für einen stetig anwachsenden Kontostand. Beim Erbe oder der Schenkung hingegen vermehrt sich das eigene Vermögen schlagartig.

Klingt gut – oder? Mit einem Mal ist es möglich, über Anschaffungen und Investitionen nachzudenken, von denen Sie bislang nur geträumt haben. Und dabei geht es nicht um Millionärsklischees: teure Autos, schicke Segeljachten, Penthouses in den Metropolen dieser Welt.

Es geht für viele Menschen um ganz andere Dinge, die das dazugewonnene Geld ermöglichen kann: die finanzielle Sicherheit, sich und seine Familie heute oder im Alter versorgt zu wissen. Die Chance, einen zehrenden Job ohne finanzielle Einbußen zu reduzieren. Die Arbeit für eine Weile zu unterbrechen – oder in eine Weiterbildung zu investieren. Und die Gelegenheit, sich eine Wohnung oder ein Haus in der Wunschregion leisten zu können – obwohl solche Kalkulationen trotz guter Gehälter und eigener Ersparnisse bislang nie aufgingen.

Emotionen sortieren

Das Vermögen, das nun oder bald auf Ihrem Konto landet, stellt eine Chance dar. Warum aber kann sich die Summe stattdessen als eine Last anfühlen?

Zum einen ist das Geld häufig eng verbunden mit dem Ableben einer vertrauten Person. In die Trauer mischt sich eventuell die Dankbarkeit, eine solche Summe erhalten zu haben. Doch auch andere Emotionen suchen sich ihren Platz: das Gefühl beispielsweise, das Vermögen nicht verdient zu haben – weder wortwörtlich noch im übertragenen Sinne. Oder ein vages Ungerechtigkeitsgefühl: Warum habe ich so viel erhalten, während mein Partner, meine Freundin, weite Teile der Gesellschaft leer ausgehen – obwohl diese das Geld dringender bräuchten?

Zum anderen kommt das Kapital in manchen Fällen mit ein paar unausgesprochenen, dafür gefühlten Verpflichtungen: Wenn die Erblasser etwa das Vermögen über Jahrzehnte eiserner Disziplin angehäuft haben, wenn sie stets klug kalkuliert und mit dem Geld gewirtschaftet haben. Dann kann bei den Erben das Gefühl entstehen, ebenso verantwortungsbewusst und vorausschauend mit dem Nachlass umgehen zu müssen. Das gilt ebenso für Schenkungen, die Ihnen bereits zu Lebzeiten von einem Verwandten oder Bekannten gemacht werden – sodass er oder sie beobachtet, wie Sie als Beschenkte oder Beschenkter mit dem neuen Vermögen umgehen.

Reaktionen aus dem Umfeld sorgen für zusätzliche Verunsicherung. Neidische Freunde wenden sich möglicherweise ab, weil Sie sich durch das Erbe plötzlich Dinge leisten können, die anderen verwehrt bleiben. Lange verschollene Bekannte tauchen auf, die urplötzlich um Geld für ein vielversprechendes Investmentprojekt bitten – Sie haben es jetzt doch! Arbeitskollegen frotzeln: Warum kommen Sie – mit dem Vermögen! – überhaupt noch zur Arbeit?

All das macht es schwer, unbefangen über die finanzielle Situation und die damit verbundenen Pläne zu sprechen. Natürlich ist es ein Luxusproblem, über ein Vermögen zu verfügen. Das macht es jedoch nicht weniger relevant, sich gut über Chancen und Risiken rund um die Verwendung des Geldes zu informieren.

Stattdessen wird das vermeintliche Geschenk schnell als Belastung wahrgenommen. Das gilt insbesondere, wenn Erben sich zuvor wenig mit Finanzthemen auseinandergesetzt haben. Das Gehalt kommt bislang aufs Girokonto, übriges Guthaben geht aufs Sparbuch, die Miete wird monatlich abgebucht? Von nun an sind mehrere Nullen vor dem Komma des Kontostandes dazugekommen.

Es kann – und darf – einige Zeit dauern, bis Sie Ihre eigene Gefühlswelt rund um das Geld sortiert haben. Ein erheblicher Vermögenszuwachs muss verarbeitet werden. Darin unterscheidet sich dieser Finanzschock nicht von Zeiten, in denen Sie sich zunächst an eine neue Arbeitsstelle, eine andere Wohnung oder eine frische Beziehung gewöhnen müssen.

Kein Aktionismus – aber einen Plan machen

Nehmen Sie sich die Zeit. Denn die Zahl, die Sie aktuell auf Ihrem Konto sehen – die ist echt. Die Bank hat sich nicht vertan. Die Überweisungen haben nicht fälschlicherweise zwei oder drei Nullen zu viel. Es handelt sich um Ihr Vermögen. Und egal, wie es Ihnen beim Blick auf diese Summe gerade geht, wie lange Sie benötigen, um sich an den Kapitalzuwachs zu gewöhnen, wie konkret oder vage Ihre Visionen für das Vermögen in diesem Moment auch sind: Sie schaffen das!

Wichtig ist zudem: Verfallen Sie nicht in blinden Aktionismus. Ihr Geld muss nicht unmittelbar einem angedachten, wie auch immer gearteten Zweck zugeführt werden. Es kann und darf auch erst einmal einige Zeit auf dem Girokonto herumliegen.

Sollten Sie sich – etwa angesichts höherer Inflation – bei dem Gedanken unwohl fühlen, weil die Kaufkraft Ihres Vermögens dahinschmilzt, können Sie es auch zunächst auf einem Tagesgeldkonto oder einem kurz laufenden Festgeldangebot parken. Lesen Sie dazu die entsprechenden Abschnitte „Tagesgeld" (S. 63) sowie „Festgeld" (S. 66).

Was dieses Buch bietet

Vielleicht erkennen Sie sich in einigen dieser skizzierten Punkte wieder. Vielleicht sind Sie ratlos, was Sie mit Ihrem Vermögen nun anstellen können, wollen oder sollen. Dieses Buch ist ein Begleiter, der Sie insbesondere mit den finanziellen Möglichkeiten und Risiken des dazugewonnenen Kapitals vertraut macht.

Erstens geht es darum, ein Gefühl für das Geld und mögliche Vermögensziele zu bekommen. Zweitens: Finden Sie konkrete Erklärungen, welche Finanz- und Anlageinstrumente für Sie Sinn ergeben könnten – und welche nicht. Drittens hilft das Buch dabei, die Auswirkungen, die Ihre neue finanzielle Situation mit sich bringt, in den Blick zu nehmen.

Die gute Nachricht ist: Mit größeren Summen auf dem Konto werden Anlagen nicht automatisch komplexer. Ihnen stehen mehr Möglichkeiten zur Verfügung, Ihre Investitionen haben nun einen größeren Hebel. Doch die grundlegenden Regeln der Geldanlage bleiben gleich.

Jede Erbschaft und jede Schenkung ist zwar eine individuelle Angelegenheit. Selbiges gilt für Ihre Pläne. Die sind abhängig von der finanziellen Ausgangslage, von der persönlichen Lebenssituation, von den Erwartungen an die Zukunft. Doch seien Sie beruhigt: Für jedes Vermögensziel, das Sie anstreben, gibt es bereits ein passendes Finanzprodukt.

Dieses Buch hilft, sich mit den wichtigsten Fragen auseinanderzusetzen, die ein zusätzliches Vermögen mit sich bringt. So können Sie selbst tätig werden. Wenn Sie sich Hilfe wünschen, finden Sie diese bei Dienstleistern oder Beratern. Doch reifliche Überlegungen, gesunder Menschenverstand und ein grundlegendes Verständnis für die Geldanlage machen es möglich, das Vermögen passend zu Ihren Zielen anzulegen. All das will Ihnen dieses Buch vermitteln.

Um sich nicht in Details zu verlieren, werden einige Faktoren vereinfacht. Dieses Buch begleitet Sie ab dem Zeitpunkt, an dem Sie über eine stattliche Summe verfügen können. Mussten Sie zuvor eine geerbte Immobilie verkaufen oder geschenkten Schmuck versilbern? Diese Schritte deckt das Buch nicht ab.

Das heißt: Im Prinzip ist es für den Umgang mit diesem Buch egal, aus welcher Quelle Ihr Vermögen stammt. Rein statistisch kommen Erbe und Schenkung am häufigsten vor. Doch Sie finden hier auch hilfreiche Tipps, falls Sie ein glücklicher Lottogewinner sind oder völlig überraschend einen außergewöhnlich hohen Bonus erhalten.

Was eine stattliche Summe ausmacht, ist wiederum eine sehr individuelle Einschätzung. In den meisten Beispielfällen kalkuliert dieses Buch mit einer hohen fünfstelligen oder niedrigen sechsstelligen Summe. Solange keine ausdrücklichen Einschränkungen beschrieben sind, lassen sich diese Zahlen abhängig von Ihrem Vermögen leicht hoch- oder herunterrechnen.

Erbschaften und Schenkungen

Die obere Grafik zeigt die Anzahl steuerpflichtiger Erbschaften und Schenkungen von 2010 bis 2023 in Deutschland. 2023 betraf das gut 133 000 Erbschaften und 42 000 Schenkungen. Unten ist die Verteilung dargestellt: ein Viertel der Deutschen erbt (wenn überhaupt) bis zu 25 000 Euro. 15 Prozent können mit bis zu 500 000 Euro rechnen.

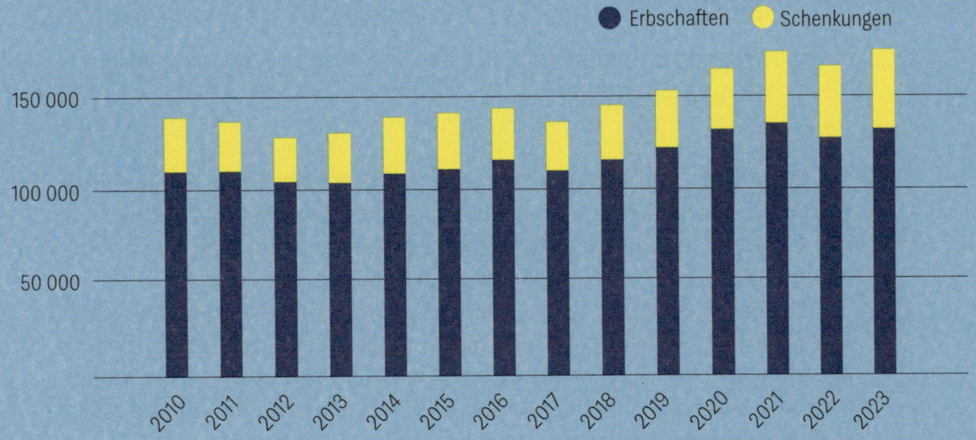

Quelle: Statistisches Bundesamt; Stand: Juli 2024

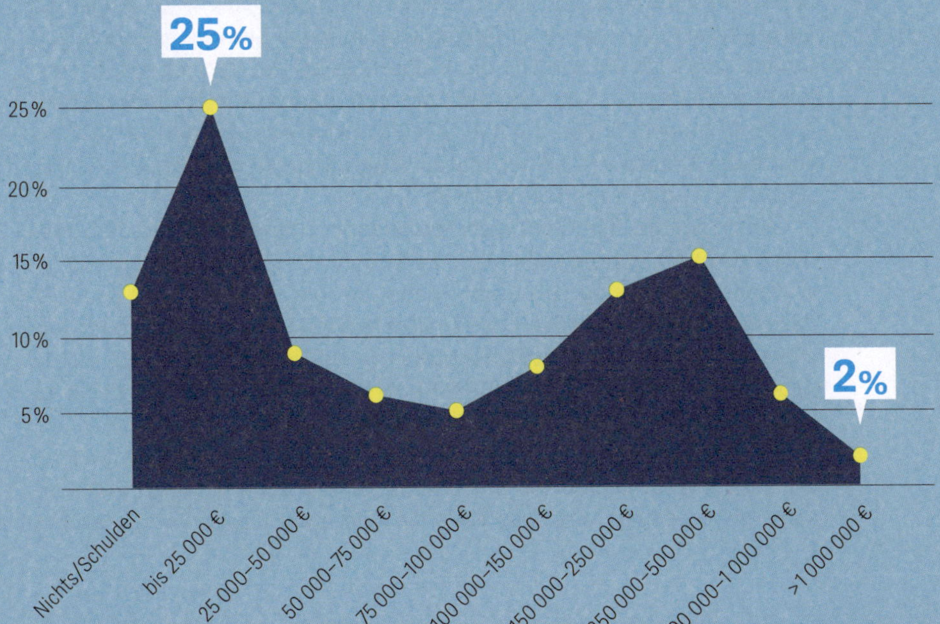

Quelle: Statistisches Bundesamt; Deutsche Bundesbank; empirica; SOEP; gif e.V.; Stand: September 2015

Ein Gefühl für das neue Vermögen

Wie viel ist viel? Wie vermögend sind Sie nun wirklich? Rund um die Erbschaft gibt es mehr Mythen als verlässliche Fakten. Eine vorsichtige Annäherung.

Im Schnitt sind Sie als Erbe zwischen Mitte 40 und Mitte 50. Sie sind Einzelkind oder haben maximal noch einen Bruder oder eine Schwester. Wahrscheinlich sind Sie im Eigenheim aufgewachsen. Und je wohlhabender Sie bereits heute sind, desto höher fällt Ihr Erbe aus.

So weit die Statistik, so weit der Durchschnitt. Über Ihre persönliche Situation sagt das wenig aus. Formal hinterlassen alle Verstorbenen irgendeine Art von Erbe – etwa eine Million Menschen sterben pro Jahr in Deutschland. Doch eine übergreifende Bilanz, eine saubere Differenz aus hinterlassenem Vermögen und vererbten Schulden existiert nicht.

Stattdessen gibt es nur Näherungswerte, die nichts über den Einzelfall aussagen. Im Jahr 2023 haben die deutschen Finanzämter beispielsweise ein vererbtes und verschenktes Vermögen von 121,5 Milliarden Euro festgestellt – ein neuer Rekordwert. In diese Summe gehen jedoch nur die Vorgänge ein, welche die Freibeträge bei der Vermögensübertragung überschreiten. Wer 30 000 Euro von einer guten Freundin erhält, taucht in diesen Zahlen auf. Wer als Einzelkind eine Immobilie im Wert von 350 000 Euro von seiner Mutter erbt, hingegen nicht (siehe S. 142, „Erbschafts- und Schenkungssteuer“).

Immer wieder bemühen sich Forscherinnen und Forscher, dem Mythos Erbschaft auf die Schliche zu kommen. Das Deutsche Institut für Wirtschaftsforschung (DIW) kam dabei im Jahr 2021 zu dem Schluss, dass in Deutschland pro Jahr bis zu 400 Milliarden Euro vererbt oder verschenkt werden. Im Durchschnittsfall der Jahre 2002 bis 2017 wurde dabei ein Vermögen von fast 89 000 Euro transferiert – im Vergleich zu gut 74 000 Euro im Zeitraum 1986 bis 2001.

Hier kommt aber ein weiteres Problem ins Spiel: Der mathematische Durchschnitt ist gerade beim Thema Erbschaft stark verzerrt. DIW-Forscher gehen davon aus, dass etwa die Hälfte der Deutschen gar nichts vererbt. Auf der anderen Seite dieser Skala stehen Unternehmerfamilien, die Milliardensummen an Töchter oder Söhne übertragen – etwa die Hälfte des vererbten Vermögens fließt nach der Schätzung der Wissenschaftler an gerade einmal 10 Prozent der Bevölkerung.

Im Durchschnitt steigt das vererbte Vermögen

Das durchschnittliche Bruttojahreseinkommen pro Person in Deutschland liegt aktuell bei knapp über 50 000 Euro. Schon eine Erbschaft oder Schenkung im mittleren fünfstelligen Bereich bedeutet so eine erhebliche Entlastung für Erbinnen und Erben. Doch einige Argumente sprechen dafür, dass in immer mehr Fällen deutlich höhere Summen übertragen werden.

Das Deutsche Institut für Altersvorsorge (DIA) blickte in einer Untersuchung bereits aus dem Jahr 2015 auf das angehäufte Privatvermögen der deutschen Haushalte – von dem ein Großteil über kurz oder lang an die nächste Generation weitergegeben werden dürfte. Nach den damaligen Auswertungen des Instituts geht es demnach in 44 Prozent der Erbfälle um ein Vermögen von mehr als 100 000 Euro.

Seitdem hat sich einiges getan. Nach Angaben der Bundesbank steigt das Vermögen vieler Haushalte an. Erstens haben sich die Börsenkurse weltweit deutlich nach oben entwickelt. Zweitens sind die Immobilienpreise in Deutschland stark gestiegen – wenn auch mit regionalen Unterschieden. Drittens wirkt sich der demografische Wandel aus: Das Vermögen der Nachkriegsgeneration wird in diesen Jahrzehnten weitergegeben an deren Nachkommen. Ab den 1970er-Jahren (und bis hinein in die 2010er-Jahre) sank die durchschnittliche Geburtenzahl einer Frau in Deutschland. Grob vereinfacht bedeutet das: Viel Geld wird auf weniger Menschen verteilt. Denn bei einem Nachlass macht die Zahl der erbenden Personen natürlich einen großen Unterschied.

Das kann erklären, warum Sie die Höhe der Erbschaft erschreckt – obwohl Sie ein grobes Gefühl für das Familienvermögen zu haben glaubten. Schnell gehen bei der Auflistung des eigenen Vermögens einzelne Werte unter, hinter denen signifikante Summen stecken können. Die Studentenbude in der süddeutschen Großstadt, die Ihre Mutter in den 1990er-Jahren einmal als Kapitalanlage gekauft hat, hat sich vermutlich allein in den letzten zehn Jahren im Wert verdoppelt. Und die lange vergessenen Belegschaftsaktien, die Ihr Großvater als Angestellter eines deutschen Großkonzerns erhalten hat, haben sich über die Jahrzehnte im Wert verzehn- oder verzwanzigfacht.

So vermögend sind Sie

Mithilfe der altersspezifischen Verteilung der Haushaltsnettovermögen können Sie besser einschätzen, zu welchem Perzentil Sie gehören – hier beispielhaft für 45 – 49-Jährige (gelb) und 55 – 59-Jährige (blau) dargestellt. Eine 45-jährige Person mit einem Vermögen von 350 000 Euro gehört etwa zu den reichsten 20 Prozent.

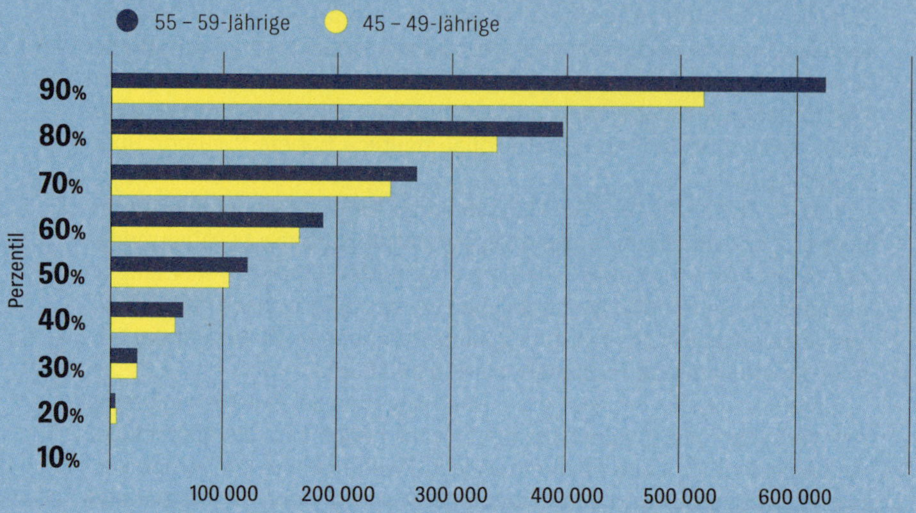

Quelle: Institut der deutschen Wirtschaft, Einkommens- und Verbrauchsstichprobe (EVS) 2018

Wenn Sie mit 55 Jahren ca. **400 000 €** besitzen, gehören Sie zu den **Top 20.**

Ungefähr **30 %** aller Personen über 55 besitzen ein Vermögen von **300 000 €** oder mehr.

Haushaltsmitglieder haben im Durchschnitt mehr Vermögen, je älter sie sind. Die Spitze ist bei **55-59 Jahren** erreicht, danach sinkt der Wert leicht.

Eine 75-Jährige gehört mit einem Vermögen von **350 000 €** noch immer zu den obersten **20 %.**

Für einen 30-Jährigen reichen hingegen bereits gut **200 000 €** für die **Top 20.**

Einordnung des geerbten Vermögens

Die Definition eines Vermögens ist ohnehin eine individuelle Angelegenheit. Den konservativen Sparer können 10 000 zusätzliche Euro stressen. Umgekehrt mag eine investitionsfreudige Unternehmerin bei 200 000 Euro genau wissen, was sie mit dem Geld anfängt.

Gerade wenn es um Geld geht, herrscht häufig eine große Diskrepanz zwischen Gefühlen und tatsächlichen Gegebenheiten. Um zu verstehen, welches Potenzial in der nun geerbten Summe steckt, hilft es, die eigene finanzielle Situation einzuordnen.

Ein Weg dafür ist der Blick auf das Haushaltsnettovermögen. Dabei geht es zunächst nicht darum, wie viel Sie im Monat verdienen, sondern welche Vermögenswerte Sie besitzen. Dafür addieren Sie Ihr Barvermögen, den Wert einer Immobilie, falls vorhanden, sowie alle Arten von Spar- und Kapitalanlagen. Von dieser Summe ziehen Sie alle Schulden ab – hier ist vor allem eine mögliche Hypothek relevant. Leben Sie nicht allein, führen Sie dieselbe Rechnung für Partnerinnen oder Partner durch.

Unterm Strich sehen Sie dann schwarz auf weiß Ihr Vermögen. Zu diesem können Sie nun Ihr erhaltenes Erbe oder die Schenkung addieren.

Je nach Lebenssituation – und vor allem Alter – kann eine Erbschaft Sie schnell in Richtung der vermögendsten Haushaltsschichten bringen. In der Spanne zwischen 30 und 34 Jahren gehören Sie beispielsweise schon mit einem Vermögen über 200 000 Euro zu den zehn Prozent der Haushalte mit dem größten Vermögen. Mit Mitte 40 sind es knapp 520 000 Euro, die Sie in diese Gruppe katapultieren. Mit einer Summe von 477 200 Euro zählte ein Haushalt im Jahr 2018 in Deutschland zu den 10 Prozent der Haushalte mit dem größten Vermögen.

Links, auf Seite 12, sehen Sie, wie das Vermögen in Deutschland – wiederum im arithmetischen Mittel – verteilt ist und zu welcher Kategorie Sie ab jetzt gehören. Das ist ein Realitätscheck, der Sie vor einem weit verbreiteten Phänomen schützen soll: Menschen tendieren dazu, ihre eigenen Vermögensverhältnisse im Vergleich zu gering einzuschätzen. Schnell fallen einem die Bekannten mit dem größeren Haus, dem protzigeren Auto ein – die zahlreichen Menschen mit kleinerem Vermögen werden vergessen. Denn klar ist: nach einer Erbschaft liegen Sie höchstwahrscheinlich über dem Durchschnitt. Sie gehören nun wahrscheinlich einer – mehr oder weniger deutlich ausgeprägten – Schicht Vermögender an.

Ausgeruht zu den ersten Anlageideen

Noch liegt das Geld unangetastet auf dem Konto. Das ist in Ordnung. Gehen Sie das Vorhaben Vermögen zunächst in aller Ruhe und Stille an – und haben Sie auch mit sich selbst Geduld.

Unvermittelt meldet sich ein Anwalt aus den USA: Ein unbekannter Großonkel ist verstorben – und hat Ihnen eine Millionensumme hinterlassen. Ein Szenario, das in Filmen häufiger vorkommt als in der Realität. Es mag Sie nicht völlig überrascht haben, irgendwann einmal zu erben. Und trotzdem kann die Summe dann überwältigen.

Die oberste Prämisse ist daher: Gehen Sie alle Schritte rund um die Geldanlage entspannt an – und haben Sie mit sich selbst Geduld. Lassen Sie sich nicht unter Druck setzen, das Vermögen rasch auszugeben oder anzulegen.

Hilfreich für diese Phase sind Tipps, die Lottogesellschaften für frisch gebackene Millionäre parat halten – mehr als 150 Menschen pro Jahr gewinnen in Deutschland eine solche Summe. Ihr dazugewonnenes Vermögen mag deutlich kleiner sein. Doch die folgenden Strategien treffen auch auf Sie zu.

Durchatmen

Mittelfristig ergibt es Sinn, das Geld anzulegen. Doch im ersten Moment können Sie es sich leisten, nichts zu tun. Solange der Kopf voll ist mit anderen Gedanken, vielleicht noch mit Aufgaben rund um den Abschied des Erblassers oder der Erblasserin, darf das Kapital auch einfach nur da sein.

Diese Gewöhnungsphase hilft, ein besseres Gefühl zu bekommen: Stört es Sie nachhaltig, dass das Geld einfach so herumliegt – oder vergessen Sie es nach einer Weile? Träumen Sie manchmal von der großen, aber lange Zeit unbezahlbaren Anschaffung? Oder schlafen Sie einfach besser, weil sich finanzielle Sorgen vorerst erledigt haben? Wenn Sie diese Gedankenfäden aufnehmen, führt Sie das näher zu einer konkreten Idee, was mit dem Vermögen passieren soll.

Stillhalten

Der Vermögenszuwachs beschäftigt Sie – ob positiv oder negativ. Wählen Sie gut aus, mit wem Sie zu welchem Zeitpunkt über das Geld sprechen. Es ist sinnvoll, den Kreis an Mitwissern klein zu halten. Das gelingt, indem Sie zunächst nur mit den Menschen darüber reden, die zu Ihrem engsten Lebensbereich gehören. Und es gelingt, indem Sie zunächst auf Anschaffungen verzichten, die außerhalb Ihres bisherigen Budgets liegen.

Wer mit der Luxusuhr auf der Familienfeier auftaucht oder den Sportwagen auf dem Firmenparkplatz abstellt, sorgt für Stirnrunzeln, Neugier und Nachfragen. In der erweiterten Familie, im Freundeskreis, am Arbeitsplatz sorgen schon vage Informationen über konkrete Summen schnell für Tuscheleien, Neid oder Fehlinterpretationen: Wer so viel Geld hat, der wird doch etwas verleihen können, uns häufiger einladen oder die anstehende Beförderung nicht anstreben!

Der Ratschlag schließt jedoch nicht aus, dass Sie Beistand suchen dürfen. Tauschen Sie sich mit ausgewählten Vertrauten über sinnvolle Strategien aus. Das können zum einen Dienstleister sein – die Steuerberaterin, der Anwalt, die Immobilienmaklerin. Zum anderen vertrauenswürdige Freunde und Verwandte, mit denen Sie Ideen und Szenarien und Kalkulationen durchspielen wollen – und die im Idealfall schon Erfahrung mit der gewünschten Anlageform haben.

Abwägen

Der Vermögenszuwachs ist bereits ein einschneidendes Ereignis. Der nächste große Einschnitt in einem anderen Lebensbereich muss nicht sofort folgen.

Das bedeutet ganz konkret: Kündigen Sie nicht sofort Ihren Job, verlassen Sie nicht Ihren Partner, kaufen Sie keine Villa – nur weil plötzlich Geld da ist.

Hier gilt abermals: Nehmen Sie sich Zeit, um ein Gefühl für das Leben mit dem Vermögen zu entwickeln. In dieser Bedenkzeit kommen Ihnen automatisch viele Fragen in den Kopf, die Sie vor Fehlentscheidungen bewahren: Welche mittel- und langfristigen Konsequenzen hat die angestrebte Anlageentscheidung? Welche finanziellen wie emotionalen Folgekosten bringt sie mit sich? Und: Brauche ich diese Anschaffung in diesem Moment wirklich, um glücklicher zu sein?

02

Was tun mit meinem Vermögen?

Von der Vision zur Vermögensstrategie

Eine größere Geldsumme verschafft viele Freiheiten – bedarf aber Aufmerksamkeit. Doch die wichtigsten Spielregeln sind einfach zu durchdringen. Nähern Sie sich den Grundlagen der Geldanlage vorsichtig.

Haben sich Augen und Geist langsam an die große Zahl gewöhnt, die inzwischen auf Ihrem Konto steht? Gut. Viel Geld mag viele unruhige Gedanken, vielleicht sogar einige schlaflose Nächte mit sich bringen. Vergessen Sie aber nicht: Der plötzliche Vermögenszuwachs erfordert zwar einiges an Überlegungen, einiges an Organisation.

Das Kapital ermöglicht es jedoch, mit etwas ganz und gar Irrationalem zu beginnen: Träumen Sie drauflos! Welchen kostspieligen Wunsch, ob Reise, Fahrzeug, Immobilie oder berufliche Auszeit, wollten Sie sich immer schon erfüllen? Wie könnte ein Leben aussehen, wenn Sie nicht (komplett) auf das monatliche Einkommen Ihrer bisherigen Erwerbsarbeit angewiesen wären?

Beispiel: Claudia, 40 Jahre. Claudia arbeitet als Kundenbetreuerin bei den Stadtwerken. Nach dem Tod ihrer Großeltern wird das Erbe unter den Enkeln verteilt. Claudia erhält daraus nach Steuern 150 000 Euro. Gemeinsam mit ihrem Mann zahlt sie ein Reihenhaus ab. Dabei kommt das Paar mit seinen Gehältern gut aus. Von dem Erbe wollen sich die beiden ein neues Elektro-Familienauto für etwa 50 000 Euro gönnen. Ein Teil fließt in die jährliche Sondertilgung des Immobilienkredits. Der Rest wird angelegt – als Finanzpolster für ihre beiden kleinen Kinder.

Beispiel: Stefan, 54 Jahre. Stefan ist Lehrer. Von entfernten Verwandten erbt er überraschend zwei Eigentumswohnungen im Münchener Umland, die er sofort verkaufen kann. Nachdem er die Erbschaftssteuern gezahlt hat, landet immer noch eine Million Euro auf seinem Konto. Das Geld würde Stefan gern nutzen, um seinen Beruf sofort an den Nagel zu hängen – und sich nur noch seinen Hobbys und Ehrenämtern zu widmen. Als Beamter erhält er im Ruhestand eine gute Pension.

Beispiel: Maria, 29 Jahre. Maria arbeitet seit ihrem Studienabschluss in einer Unternehmensberatung. Nach einem besonders erfolgreich abgeschlossenen Projekt erhält sie zusätzlich zu ihrem Gehalt einen Bonus über 50 000 Euro. Das Geld will sie so anlegen, dass es einiges an Rendite über die kommenden Jahre schafft. Dann soll die angewachsene Summe entweder als Startkapital für eine eigene Unternehmensgründung dienen – oder beim Kauf einer eigenen Immobilie helfen.

Auch wenn Ihr Traum anders aussieht: Um Visionen tatsächlich verwirklichen zu können, ergibt es Sinn, die Augen wieder vorsichtig zu öffnen – und noch einmal ganz rational nachzurechnen: Wie viel Geld steht Ihnen insgesamt ganz konkret zur Verfügung? Welche finanziellen Verpflichtungen haben Sie? Wie lange soll, muss, kann das Kapital reichen? Wenn Ihnen klar ist, welche finanziellen Mittel heute und morgen zur Verfügung stehen, welche Auswirkungen jetzige Käufe oder Verkäufe haben, dann können Sie damit beginnen, Ihre Vorstellungen in die Tat umzusetzen.

Finanzielle Bestandsaufnahme

Auch wenn es schwerfällt: Streichen Sie das neue Vermögen kurz aus Ihrem Kopf – und blicken Sie auf Ihre bisherige Bilanz. Das verschafft Sicherheit für die folgenden Schritte.

Mit großen Schlagzeilen und bunten Bildern zelebrieren Boulevardmedien die Schicksale von Lottogewinnern, die ihr Vermögen in wenigen Monaten oder Jahren verprassen. Sicher wollen Sie ein solches Schicksal vermeiden. Die gute Nachricht: Das wird Ihnen einfach gelingen.

Ein hilfreicher Schritt ist dabei der Blick zurück: Gerade ein solcher finanzieller Schockmoment – so positiv er sein mag – ist ein guter Zeitpunkt, um Bilanz zu ziehen. Ignorieren Sie die neu dazugekommene Geldsumme erst einmal, so schwer das auch fallen mag.

Denn das Gute ist: Ihnen steht zwar überraschend eine größere Summe Geldes zur Verfügung. Die Grundlagen der Geldanlage verändern sich aber nicht, nur weil auf Ihrem Konto die eine oder andere Null mehr vor dem Komma steht.

Ein Gefühl für Ihre Vermögenslage haben Sie bereits bekommen. Jetzt geht es um die alltäglichen Einnahmen und Ausgaben. Was geben Sie aus? Was steht Ihnen monatlich zur Verfügung? Und was haben Sie vor? Für diese Aufgabe genügen ein leeres Blatt Papier, ein Dokument in einem Tabellenkalkulationsprogramm oder eine App.

Ihre bisherigen Einnahmen

Verschaffen Sie sich eine Übersicht, was alles an Geld reinkommt: Mit welcher Summe können Sie monatlich und jährlich an Einnahmen rechnen, etwa an Gehalt aus einem Angestellten- oder Beamtenverhältnis, einer selbstständigen Tätigkeit, Zinszahlungen von bereits angelegtem Kapital oder Mieteinnahmen?

Bedenken Sie zudem: Was erwartet Sie finanziell im Ruhestand? Wer in die Deutsche Rentenversicherung einzahlt, erhält einmal jährlich eine Renteninformation. In der steht, ab wann Sie Ihre gesetzliche Rente erhalten. Außerdem sehen Sie, wie hoch Ihre Rente wäre, wenn Sie ab sofort nichts mehr einzahlten – und mit welcher Summe Sie zum Rentenbeginn rechnen dürfen, wenn Sie mit demselben Einkommen weiter einzahlen.

Wer das aktuelle Schreiben nicht findet, kann es bei der Deutschen Rentenversicherung jederzeit kostenlos online anfordern auf der Webseite www.eservice-drv.de/SelfServiceWeb/).

Als Beamtin oder Beamter können Sie bei Ihrem Dienstherrn eine Versorgungsauskunft beantragen. Zusätzlich haben Sie vielleicht noch eine private Rentenzusatzversicherung, deren Erträge im Alter dazukommen.

Ausgaben

Zu den wichtigsten Ausgabeposten gehören Miete oder Kredit, Verbrauchskosten für Energie, Versicherungen, Ausgaben rund um Fahrzeug oder Mobilität sowie die Kosten für Lebensmittel, Kleidung und Co. Werfen Sie zusätzlich einen Blick in die Zukunft: Wie könnten sich einige Posten in den kommenden Jahren verändern – weil etwa das Studium der Kinder oder die Pflege der Eltern (mit)finanziert werden oder weil ein Immobilienkredit bald ausläuft und nicht mehr bedient werden muss.

Sollten Sie Schulden haben, egal ob bei Bekannten oder einer Bank – ist es in vielen Fällen sinnvoll, diese Verpflichtungen mit dem frisch erworbenen Vermögen so schnell wie möglich zurückzuzahlen oder zu verringern, wenn die Verträge das erlauben.

So müssen Sie sich zum einen keine Sorgen mehr um diese Kredite machen. Zum anderen sparen Sie sich die Zinsen, die Sie in den kommenden Jahren noch zahlen müssten. Das rechnet sich bei Raten- oder Autokrediten meist, sogar wenn sich Banken eine verfrühte Rückzahlung über sogenannte Vorfälligkeitsentschädigungen vergüten lassen.

Ausnahmen kann es allerdings bei sehr günstig abgeschlossenen Immobilienkrediten aus den Niedrigzinsphasen der vergangenen Jahren geben.

Bilanz und Notfallpolster

Ziehen Sie Ihre Ausgaben von Ihren Einnahmen ab, erhalten Sie unterm Strich eine Bilanz – und Klarheit: Sie wissen, wie viel Geld Ihnen heute monatlich und jährlich zur Verfügung steht. Zudem haben Sie einen Überblick darüber, welche finanziellen Stellschrauben sich in den kommenden Jahren eventuell ändern könnten – und in welche Richtung.

Denken Sie auch an einen Notgroschen, also Ihre finanzielle Reserve für unerwartete Ausgaben – etwa ein kaputtes Auto oder eine defekte Waschmaschine. Im Idealfall sollten Sie auf einem separaten Bankkonto etwa drei Monatsgehälter parken.

Erledigt? Sehr gut. Dann können Sie sich jetzt der großen Summe Geldes widmen, die Ihnen zur Verfügung steht.

Haushaltsbuch per App

Smartphone-Programme erleichtern es, im Alltag Einnahmen und Ausgaben zu erfassen. Im Juni 2023 haben unsere Expertinnen und Experten von Finanztest acht weit verbreitete Haushaltsbuch-Apps für Android getestet sowie fünf Apps für iOS-Mobiltelefone in Vollversion, die teilweise kostenpflichtig sind. Darunter waren sowohl Apps, mit denen Giro-, Kreditkarten-, Tagesgeldkonten oder Depots verknüpft werden können als auch Apps, die das nicht können. Apps mit Verknüpfung zum Girokonto erleichtern Ihnen die Pflege des Haushaltsbuchs und die Kategorisierung der Finanzen.

Testsieger in diesem Bereich ist Finanzguru (3,99 Euro / Monat) mit Note 2,1. Money Manager (Android 5,99 / iOS 6,99, jeweils einmalig) ist die beste App ohne Verknüpfung zum Konto, mit Note 3,1 (Android) beziehungsweise 3,3 (iOS). Den ausführlichen Test und alle Ergebnisse erhalten Sie in Finanztest-Heft 11 / 2023 sowie online unter test.de, Stichwort Haushaltsbuch-App.

Auswahl der Anlagestrategie

Die Auswahl möglicher Anlagen ist groß – die Spanne reicht von einfach bis komplex, von sicher bis hochriskant. Wenige Fragen führen Sie zu Ihrem Mix aus Produkten und Vorlieben.

Der heilige Gral ist das Girokonto. 114 Millionen solcher Bankverbindungen gibt es in Deutschland, schätzt der Deutsche Bankenverband. Das heißt: Viele Menschen haben nicht nur ein Konto, sondern gleich mehrere. Häufige Gründe sind etwa eigene Konten für gemeinsame Familienausgaben, für das Gehalt – oder um immer einmal wieder etwas Geld zur Seite zu legen.

Geht es um andere Anlagemöglichkeiten, nehmen die Zahlen deutlich ab. Nur jeder vierte oder fünfte Bundesbürger investiert heute beispielsweise in Immobilien, Fonds oder Aktien. Das heißt: Es ist völlig normal, wenig Wissen rund um die Geldanlage zu haben.

Doch mit Ihrem neuen Vermögen ist es ratsam, sich kurz mit den populärsten Anlageformen zu beschäftigen. Denn selbst wenn die Optionen zu Beginn auch unüberschaubar wirken: Im Kern sind einige wenige Anlagemöglichkeiten für Sie relevant. Es hilft, die grobe Funktionsweise dieser sogenannten Assetklassen zu kennen. So können Sie besser einschätzen, welche Investitionen zu Ihrer persönlichen Strategie passen. Im weiteren Verlauf dieses Buches erfahren Sie, welche Spielregeln und Bedingungen in den jeweiligen Anlageformen für Sie wichtig sind.

Geldwerte: Das sind die klassischen Instrumente, dazu gehören etwa Tagesgeld, Festgeld oder das Sparbuch. Sie funktionieren so: Anleger stellen Ihr Geld einem Finanzinstitut für eine bestimmte Zeit zur Verfügung (und können in der Zeit nicht über das Vermögen verfügen), im Gegenzug erhalten Sie Zinsen auf Ihr Kapital.

Anleihen: Staaten oder Unternehmen leihen sich Geld, indem sie Anleihen ausgeben. Die funktionieren ähnlich wie ein Kredit: Sie verleihen Geld, dafür erhalten Sie eine Zinszahlung und am Ende der Laufzeit Ihr Kapital zurück. Das Risiko hängt zum einen davon ab, wie lange die

Anleihe läuft. Zum anderen, wie zahlungskräftig das ausgebende Unternehmen oder der Staat tatsächlich ist. Ein Unterschied zum Kredit: Viele Anleihen sind während der Laufzeit an Börsen handelbar – ihr Kursverlauf kann sich mit der wirtschaftlichen Situation des Marktes oder des Unternehmens verändern.

Aktien: Eine Aktie steht für einen Anteil an einem Unternehmen – auch wenn er in der Regel nur sehr klein ist. Damit partizipieren Sie zum einen an der Entwicklung eines Unternehmens. Zumindest Teile von Gewinnen werden häufig über die Dividende an Eigentümer ausgeschüttet. Der Wert der Aktie an der Börse schwankt mit der Nachfrage. Die ist zum Teil ganz rational: Entwickelt sich die Firma erfolgreich, wollen mehr Menschen Anteile an ihr besitzen, droht die Insolvenz, ist das Unternehmen weniger attraktiv. Zum Teil gestaltet sich die Nachfrage jedoch irrational und hängt von den Erwartungen und Hoffnungen ab, die Anleger an das Unternehmen oder die Branche knüpfen. Um sich nicht selbst durch die Kennzahlen von einzelnen Unternehmen wühlen zu müssen, lassen sich vorgefertigte Mischungen von Aktien kaufen. Mit derlei Fonds, die regional oder thematisch gemischt sein können, nehmen Sie an der Kursentwicklung aller enthaltenen Aktien teil.

Immobilien: Wenn Sie eine Wohnung oder ein Haus kaufen, gehören Sie zu Immobilienbesitzern. Sie können die Immobilie erwerben, um selbst darin zu wohnen – oder um die Immobilie zu vermieten. Der Wert dieser Anlage kann sich über die Jahre sehr unterschiedlich entwickeln, abhängig etwa von der Lage oder dem Zustand der Immobilie. Rund um den Kauf fallen hohe Nebenkosten an, bei der Abwicklung des Verkaufs können zusätzliche Steuern aufkommen. Der Unterhalt und eventuell notwendige Reparaturen und Sanierungen verschlingen ebenfalls Geld.

Natürlich gibt es noch einige andere Möglichkeiten, Geld zu investieren. Gold etwa, direkte Unternehmensbeteiligungen, Kryptowährungen! Die meisten sind jedoch für unbedarfte Anleger nicht geeignet. Sie bringen mehr Ärger als Freude, mehr Verlustgefahr als Vermögenssicherung – und spielen daher in diesem Buch nur eine sehr kleine Rolle. Wenn Sie es doch reizt, sich diese Wege einmal anzuschauen, finden Sie im Kapitel ab Seite 125 einige Hinweise dazu. Im Folgenden steht im Fokus, Ihr Geld sicher so einzusetzen, dass Sie sich Ihre Vermögensziele erfüllen können. Dabei wird es überwiegend darum gehen, die für Sie passende Mischung aus den vier oben genannten Anlagemöglichkeiten zu wählen.

Vermögenszuwachs oder Kaufkraftverlust

Je nachdem, was Sie mit der einmaligen Summe von 100 000 Euro tun, entwickelt sich Ihr Vermögen in 20 Jahren ganz unterschiedlich. Richtig angelegt, besteht die Chance, dass es sich mehr als verdoppelt. Wer nichts tut, hat zwar de facto weiterhin 100 000 Euro, die Kaufkraft ist aber um ein knappes Drittel gesunken.

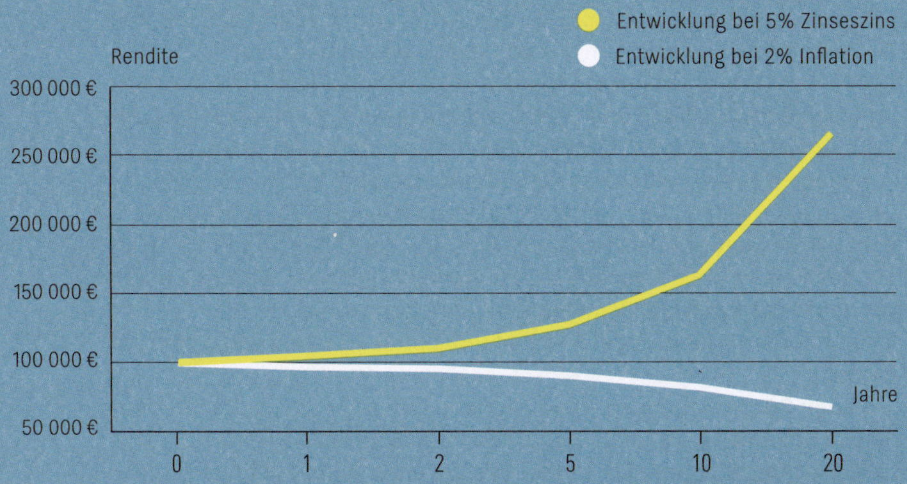

Quelle: eigene Berechnungen

67 297 €
in 20 Jahren bei durchschnittlich 2% Inflation p.a.

100 000 €
Ausgangskapital

265 330 €
in 20 Jahren bei durchschnittlich 5% Rendite p.a.

Warum das Geld nicht einfach liegen lassen?

Es mag sich verlockend anfühlen, das viele Geld auf einem Girokonto ruhen zu lassen, auch wenn es dort keine Zinsen gibt. Im Gegensatz zu anderen Wertgegenständen ginge das erst einmal auch viel einfacher: Geld staubt nicht ein, nimmt keinen Platz in der Garage weg – und fängt nicht an zu stinken, wenn Sie es eine ganze Weile nicht beachten. Aber: Nichtstun schmälert das Vermögen. Denn auf Girokontoeinlagen zahlen nahezu alle Banken keinerlei Zinsen. Das führt dazu, dass mit jedem Tag, jeder Woche, jedem Monat Ihre Summe weniger wert wird – was an der Inflation liegt. Diese gibt an, wie stark die Preise in einem bestimmten Zeitraum gestiegen sind. Um diesen Wert zu berechnen, geht das Statistische Bundesamt jeden Monat auf virtuelle Shoppingtour. Für fast 700 unterschiedliche Waren und Dienstleistungen wird so der aktuelle Kaufpreis ermittelt und dann mit dem Vorjahreszeitraum verglichen.

Je nach eigenem Lebensstil können sich die persönlichen Auswirkungen unterscheiden. Das hängt beispielsweise vom Energieverbrauch, dem Fortbewegungsmittel oder der Auswahl der Lebensmittel ab. Doch die gesetzliche Inflationsrate ist ein ziemlich genauer Indikator dafür, wie stark die Kaufkraft des eigenen Vermögens sinkt – in der Zukunft können Sie sich für das gleiche Geld real betrachtet weniger leisten als heute.

In den 2010er-Jahren spielte die Inflationsrate für sich betrachtet nur eine geringe Rolle, sie lag in Deutschland und Europa zwischen 0,5 und zwei Prozent. Das hat sich in den vergangenen Jahren geändert, unter anderem, weil die Energiekosten massiv gestiegen sind: 2022 schnellte die Inflation etwa auf 6,9 Prozent hoch, 2023 lag sie noch bei 5,9 Prozent.

Beispiel: Wer im Januar 2022 auf einem Konto ohne jegliche Verzinsung 100 000 Euro liegen hatte, der besaß zwar auf dem Papier zu Silvester 2023 immer noch 100 000 Euro. Nach den zwei Jahren mit relativ hoher Inflation entsprach die Kaufkraft aber nur noch einem Betrag von 88 333,63 Euro.

In der Praxis wird die Rechnung noch ein wenig komplizierter: Denn die Inflation war vor allem deshalb lange Zeit so niedrig, weil die Leitzinsen der Europäischen Zentralbank zwischen 2016 und 2022 bei null Prozent lagen. Deshalb gaben Banken zwar gern Kredite zu einem recht niedrigen Zinssatz aus, weil sie sich das Geld bei der EZB selbst günstig leihen konnten. Doch umgekehrt gab es für Sparer nahezu keine Zinsen auf ihre Einlagen. Insgesamt wurde der Konsum so angekurbelt – wodurch wiederum die Inflation stieg.

Das hat sich inzwischen verändert: Der Leitzins wurde in den vergangenen zwei Jahren zunächst erhöht, um die Inflation einzudämmen. Damit sind Kredite für Sie teurer geworden – doch es gibt auch wieder mehr Zinsen bei der Geldanlage. Dadurch wuchs der Anreiz, das eigene Kapital liegen zu lassen und nicht sofort auszugeben. Doch die Zentralbanken behalten ihre Strategie im Blick und reagieren. Der Leitzins kann vierteljährlich angepasst werden und somit jedesmal eine solche Kette an Veränderungen in Gang setzen. Im Laufe des Jahres 2024 senkte die EZB die Zinsen wieder leicht. In der Grafik auf Seite 23 sehen Sie vereinfacht dargestellt, welche Auswirkungen die Inflation auf Ihr Vermögen hat – und umgekehrt welchen positiven Effekt eine gute Anlagestrategie bringt.

Muss ich mich beeilen?

Mit einer größeren Summe befinden Sie sich in einer komfortablen Situation. Das bedeutet: Lassen Sie sich keinesfalls von Bekannten oder Beratern unter Druck setzen, Ihr ererbtes Vermögen möglichst rasch anzulegen („Heute noch!", „Spätestens bis Montag!", „Unbedingt bis zum Monatsende!").

Durch Zinsentscheidungen der Europäischen Zentralbank können Angebote von Geldinstituten zwar begrenzt sein, und manche Banken arbeiten zudem mit Lockangeboten für einige Wochen, um Kunden zu gewinnen. Aber Sie können – und sollten – es sich leisten, besonnen zu handeln. Überlegen Sie gut, welche Geldanlagestrategie für Sie Sinn ergibt und sich gut anfühlt. Entscheidend sollte stets sein, dass Sie verstanden haben, was künftig mit Ihrem Geld passiert. Das Ziel: Sie wissen über Chancen, Risiken und vor allem die Kosten einer Anlage genau Bescheid.

Die meisten Anlageprodukte können zwar theoretisch in wenigen Tagen abgeschlossen werden, manche sogar per Mausklick innerhalb weniger Sekunden. Andere Investitionen, etwa in Immobilien oder Unternehmensbeteiligungen, ziehen sich dagegen im Regelfall über mehrere Wochen oder Monate.

Aber egal wie lange es dauert: Nehmen Sie sich so viel Zeit, wie Sie benötigen. Erstens ist es unwahrscheinlich, dass Ihnen durch reifliches Überlegen tatsächlich sensationelle Angebote entgehen – Finanzinstitute haben selten etwas zu verschenken. Zweitens ersparen Sie sich teure Fehler, wenn Sie nicht überhastet irgendwelche Verträge abschließen, die Sie nicht gründlich verstanden haben. Drittens erhalten Sie zumindest auf Tagesgeldkonten aktuell wieder Zinsen (siehe S. 62, „Sicherheitsbaustein"), sodass die Geldentwertung gebremst wird. Und viertens haben Sie den Luxus, sich erst einmal an das Gefühl des plötzlichen Reichtums gewöhnen zu dürfen.

STRAFZINSEN SIND WIEDER OUT: Als Anfang der 2020er-Jahre die Leitzinsen der Europäischen Zentralbank auf null Prozent sanken, erhoben viele Banken „Verwahrentgelte". Wer größere Summen – oft im sechsstelligen Bereich – auf einem Konto parkte, musste den Geldinstituten dafür etwas zahlen. Diese Praxis ist nahezu komplett verschwunden, seitdem der Leitzins wieder im positiven Bereich ist. Die besten Konditionen aus einer Auswahl von über 600 Girokonten, zum Beispiel die „Gratiskonten ohne Wenn und Aber", finden Sie aktuell unter test.de/Girokonto.

Was ist mir bei der Geldanlage wichtig?

Entscheidend ist, dass Sie genau wissen, was mit Ihrem Geld passiert, in welcher Form auch immer es investiert wurde. Und dass Sie mit dieser Entscheidung gut schlafen können. Damit ist es ein sehr persönliches Thema. Was Sie für sich und Ihr Vermögen richtig finden, kann Ihre beste Freundin, Ihr Arbeitskollege, Ihre Nachbarin ganz anders sehen – auch daher: Teilen Sie die Nachricht über das große Vermögen mit Bedacht!

Jetzt stehen Sie aber ganz praktisch vor der Aufgabe, zu überlegen, welche Träume Sie mit Ihrem Geld verwirklichen wollen. Nüchterner ausgedrückt: Was soll in welchem Zeitraum mit Ihrem Geld passieren? Wollen Sie gern mit dem zusätzlich erworbenen Vermögen vor allem viel Gewinn machen? Ist Ihnen Sicherheit besonders wichtig, weil Sie das Geld in einigen Jahren oder Jahrzehnten dringend benötigen? Und wie kurzfristig wollen Sie an Ihr Geld kommen – oder darf es für einige Zeit gewissermaßen Ihrem Zugriff entzogen sein?

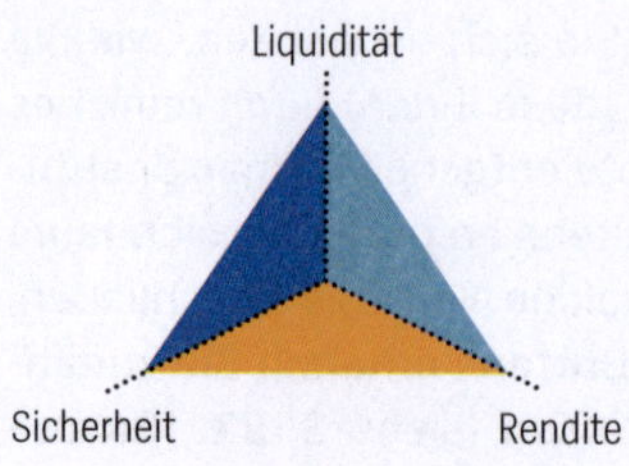

DAS MAGISCHE DREIECK: Die Finanzwelt hat einen überraschend poetischen Begriff geprägt, der veranschaulicht, wie die drei zentralen Ziele der Geldanlage – Sicherheit, Rendite und Liquidität – miteinander zusammenhängen.

Das magische Dreieck hilft bei der Ideenfindung. Denn keine Geldanlage ist in allen drei Eigenschaften gleich gut. Sie müssen stets abwägen, welche Eigenschaft Ihnen persönlich am wichtigsten ist und sich dann für einen Kompromiss entscheiden. Auf dem Weg zur richtigen Anlagestrategie müssen Sie also in jedem Fall diese drei Kriterien durchdenken. Zumal hinter den einzelnen Worten noch ein bisschen mehr steckt.

Rendite

Der Begriff beschreibt die Wertentwicklung einer Anlage in einem bestimmten Zeitraum. Bei vielen Finanzprodukten wird sie in der Regel für den Zeitraum von einem Jahr angegeben. Es kann nötig sein, dass Sie längere Zeiträume im Blick haben sollten. Falls Sie etwa eine langjährige Geldanlage vergleichen wollen mit einer als Kapitalanlage gekauften Immobilie, geht es eher um Zeiträume von zehn, 20 oder mehr Jahren.

Sehr wichtig für den ehrlichen Vergleich: Achten Sie darauf, welche einmaligen oder wiederkehrenden Kosten und Steuern dazukommen. Bei einem Fonds kann das der Ausgabeaufschlag oder eine jährliche Managementgebühr sein, bei Immobilien die Kaufnebenkosten sowie größere Sanierungskosten. Genauer geht es um diese Renditefallen in den späteren Kapiteln (siehe etwa „Abgrenzung zu gemanagten Fonds", S. 50 sowie „Endlich ein Eigenheim", ab S. 97).

Die wichtigste Faustregel: Je höher die versprochene oder erwartete Rendite, desto größer auch das Risiko. Wo eine Verdopplung des angelegten Kapitals lockt, kann also im Umkehrschluss auch eine Halbierung möglich sein. Die Chartverläufe auf Seite 42 zeigen, welche Chancen und Risiken in der Vergangenheit bei unterschiedlichen Anlagestrategien im Schnitt über 30 Jahre hinweg möglich waren. Diese Daten sagen aber nur wenig darüber aus, wie sich Anlagen in Zukunft entwickeln werden.

Sicherheit

Wenn Sie wollen, dass sich Ihr Vermögen vermehrt, gehen Sie in aller Regel auch das Risiko ein, dass es sich verringern kann. In dieser Ecke des magischen Dreiecks müssen Sie sich also genau fragen, wie wichtig Ihnen die Sicherheit Ihrer Geldanlage ist.

Das hängt zum einen von Ihrer persönlichen Veranlagung ab. Einige Menschen können Geld anlegen und kümmern sich dann nicht weiter darum. Andere checken täglich oder wöchentlich die Kurse oder schlafen schlecht, wenn Krisennachrichten die Runde machen. Seien Sie ehrlich mit sich: Sorgen bei Ihnen ein paar mögliche Renditepunkte mehr (und das damit steigende Risiko) eher für freudige Aufregung oder für

Bauchgrummeln? Je konkreter Sie sich mit Ihrem Sicherheitsbedürfnis beschäftigen, desto besser. Angenommen, Sie investieren 100 000 Euro und verlieren dann 20 Prozent. Das bedeutet: Ihnen stehen 20 000 Euro weniger zur Verfügung, Sie haben einen neuen Kleinwagen verloren, können sich eine Luxusreise oder eine Edelküche weniger leisten. Kommen Sie damit klar?

Zum anderen geht es um eine sachliche Betrachtung: Seien Sie sich im Klaren, wie viel Geld Sie ganz praktisch verlieren könnten, ohne in schwerwiegende Probleme zu geraten. Wenn Sie das neu dazu gewonnene Vermögen etwa dazu nutzen wollen, um in ein paar Jahren einen Immobilienkredit abzulösen oder die Ausbildung eines Kindes zu bezahlen – Finger weg von solchen Anlagen, bei denen deutliche Rückgänge oder sogar ein Totalverlust möglich sind. Anders kann es aussehen, wenn Sie sich schon vor dem plötzlichen Reichtum in einer komfortablen finanziellen Situation befanden, in der alle wichtigen Ausgaben gesichert sind. Wenn Ihnen danach ist, kommen spekulativere und riskantere Anlagen infrage.

Liquidität

Die dritte Ecke behandelt die Frage, wie schnell und unkompliziert Sie an Ihr Vermögen kommen wollen. Platt übersetzt: Wie flüssig wollen Sie sein? Wenn Sie Ihr Geld bar unter dem Kopfkissen bunkern, können Sie es jederzeit für jeden Wunsch einsetzen. Dabei ist das Risiko hoch, dass bei einem Einbruch der Batzen Geld verschwindet. Und die Rendite ist bei null (real ist Ihr Vermögen dann sogar weniger wert, wegen der Inflation).

Am anderen Ende dieser Skala steht die Immobilie oder eine direkte Unternehmensbeteiligung: Hier ist Ihr Geld fix gebunden und lässt sich nicht ohne Weiteres verwenden, wenn Sie plötzlich andere Pläne haben. Dazwischen liegen jede Menge andere Finanzprodukte wie Tagesgeld, Aktien und Fonds (meist ziemlich liquide) oder Festgeldanlagen (auf einen bestimmten Zeitraum gebunden).

Häufig gibt es hier einen Zusammenhang zur Rendite: Je länger Sie Geld verbindlich anlegen, desto mehr Zinsen erhalten Sie. Das passiert, weil die Finanzinstitute dann einen längeren Zeitraum haben, in dem sie wiederum mit Ihrem Geld arbeiten können. In Zeiten, in denen der Zins sich rasch verändern kann, muss diese Regel aber nicht unbedingt stimmen. Überlegen Sie, wie schnell Sie heute und in Zukunft an welche Summe kommen wollen – oder müssen. Dann können Sie prüfen, welche Angebote für Sie infrage kommen.

Weitere Aspekte bei der Geldanlage

Das magische Dreieck beschreibt die zentralen Anlagekriterien, über die Sie nachdenken müssen. Es ist aber keineswegs ein starres, allgemeingültiges Konstrukt. Entscheidend sind am Ende Ihre eigenen Vorstellungen. In den vergangenen Jahren ist vielen Anlegern etwa die Nachhaltigkeit ihrer Investments viel wichtiger geworden. Dieses Kriterium kann beispielsweise weniger Rendite bringen oder das Risiko erhöhen – aber für Sie trotzdem ausschlaggebend sein.

Sie sollten also zu einer Einschätzung gelangen, wie viel Risiko Sie eingehen können und wollen und für welchen Zeitraum Sie Ihr Geld anlegen möchten. So können Sie später entscheiden, ob Sie eher defensiv, ausgewogen oder offensiv investieren möchten.

Gibt es den perfekten Zeitpunkt?

Weiter geht's – jetzt mit dem „Wann". Sie wissen bereits, dass die Inflation am Geld nagen kann, wenn Sie es einfach so auf Ihrem Girokonto ruhen lassen. Finanztest rät zur Ruhe. Aber nicht dazu, die Entscheidungen unnötig zu vertagen.

Dabei kann man schnell auf die Idee kommen, mit der Anlage lieber noch ein bisschen zu warten. Das gilt zum Beispiel für Immobilienpreise. Nach einem jahrelangen Anstieg sind diese ab 2022 in vielen Städten und Landkreisen gefallen, zuletzt haben sie sich wieder stabilisiert. Wie die Entwicklung weitergeht, ist offen. Im Zusammenspiel mit den Kreditzinsen suchen Sie nach dem perfekten Zeitpunkt für die richtige Kombination aus Kaufpreisen und Zinsen. Mit viel Glück und Geduld treffen Sie diesen Zeitpunkt vielleicht sogar. Ob dann aber Ihre Wunschimmobilie noch auf dem Markt ist, ist eine ganz andere Frage.

Ähnliches gilt für Investitionen an den Börsen. Wenn etwa die Aktien eine ganze Weile stark gestiegen sind, kommt schnell die Angst auf, dass es kurz nach dem eigenen Einstieg erst einmal bergab geht mit den Kursen. Also vielleicht lieber abwarten? Oder Ihr Vermögen nach und nach investieren?

Finanztest hat errechnet, dass es sich eher nicht lohnt, auf den besten Zeitpunkt zu warten, weil nicht absehbar ist, wie sich die Märkte in näherer Zukunft entwickeln werden. Der Aktienmarkt hat sich auf lange Sicht betrachtet positiv entwickelt, allen Weltkrisen zum Trotz. Diese lassen sich fast nie vorhersehen – wo brechen Konflikte aus, wann hakt es wieder in einer Lieferkette?

Unsere Expertinnen und Experten von Finanztest wollten es dabei aber ganz genau wissen und haben 628 Einjahreszeiträume des MSCI-

World-Index analysiert, indem sie – beginnend mit Dezember 1969 – immer ein neues Anlagejahr gestartet haben. So haben sie ausgerechnet, wann es besser gewesen wäre, alles auf einmal zu investieren, und wann man besser in zwölf Monatsraten eingestiegen wäre. Das eindeutige Ergebnis: In 67 Prozent der Fälle war das Anlageergebnis besser, wenn Anleger alles auf einmal investiert hätten (siehe auch S. 46).

Dazu kommt ein weiteres Argument für eine eher zügige Investition: Wer Geldanlagen mit Geduld kombiniert, kann von einem besonderen Effekt profitieren – dem Zinseszins. So nennt sich der Mechanismus, wenn Sie sich verdiente Zinsen, die in vielen Fällen jährlich ausgezahlt werden, nicht auszahlen lassen, sondern Sie direkt wieder im selben Produkt anlegen. So wächst die investierte Summe jährlich ein wenig (siehe S. 23). Und bei der nächsten Abrechnung erhalten Sie nicht nur Zinsen auf das Ursprungskapital, sondern auf die gesamte gewachsene Summe. Das sind zunächst vermeintlich kleine Beträge, aber über die Jahre ist der Effekt beeindruckend.

Vermögensziele anvisieren

Die Grundlagen sind klar, die Visionen abgesteckt: Nun geht es darum, Ihr Geld auf den richtigen Pfad für Ihr Vermögensziel zu bringen.

Zurück vom Theorieexkurs und hinein in die Praxis. Sie wissen jetzt Bescheid, worauf es bei der Geldanlage ankommt. Doch immer noch liegt Ihr Kapital herum, womöglich sogar auf dem Girokonto. Es muss also etwas passieren – los geht's!

Ein genereller Gedanke sollte Sie dabei auf Ihren nächsten Schritten begleiten: Sie mögen nun bereits genauer wissen, wofür Sie das geerbte Vermögen nutzen wollen. Achten Sie aber stets darauf, dass Ihr Gesamtkapital gut verteilt ist. Die Finanzbranche spricht von einem „ausgewogenen Portfolio“. Die Strategien in den folgenden Abschnitten sorgen automatisch dafür, dass Sie Ihre Gesamtsumme nicht auf eine einzelne

Aktie konzentrieren. Doch überprüfen Sie sich und Ihre Anlagestrategie vor jedem größeren Investmentschritt trotzdem noch einmal.

Schnell vergessen Anleger bei diesen Überlegungen bereits vorhandene Eigentumsimmobilien. Steht Ihnen nun zusätzliches Kapital zur Verfügung und Sie denken über den Kauf einer Wohnung als Kapitalanlage nach, ist ein sehr großer Teil Ihres Vermögens in Immobilien gebunden. Ähnliche Vorsicht gebieten extrem aktienlastige Geldvermögen. Eine gewisse Balance zwischen verschiedenen Anlageklassen hilft, mögliche Schwankungen in einzelnen Märkten auszugleichen.

Kümmere ich mich selbst um mein Vermögen?

Je größer die Summe ist, die auf Ihrem Konto liegt, desto größer kann die Angst sein, das Geld selbst anzulegen. Was passiert, wenn man online auf den falschen Button klickt? Was, wenn man die Vertragsbedingungen einer Anlage nicht richtig verstanden hat? All das sind berechtigte Gründe, sich Unterstützung bei der Geldanlage zu holen.

Doch hohe Kosten und Gebühren können die schönste Rendite schnell wieder schrumpfen lassen. Es ist also sinnvoll, genau zu überlegen, wofür Sie rund um die eigentliche Anlage Geld ausgeben wollen. Mit eigener Recherche und intensiven Vergleichen sparen Sie Geld. Dazu kommt, dass in den vergangenen Jahren viele Onlinebanken oder -depots entstanden sind, die mit geringeren Gebühren werben. Auch hier lohnt ein genauer Blick in die Preislisten, in vielen Fällen geht aber der Verzicht auf Filialen und Beratung mit günstigeren Gebühren einher. Dafür investieren Sie Ihre eigene Zeit. Wenn Sie trotzdem Hilfe suchen, bestehen verschiedene Möglichkeiten. Sollte Ihr Vermögen etwas größer sein, dürften sich in jedem Fall bald Ansprechpartner Ihrer Hausbank bei Ihnen melden. Denn die meisten Institute haben eigene Mitarbeiter, die sich speziell um Kunden mit mehr Kapital kümmern.

Alternativ stehen Ihnen mit sechsstelligen Summen Vermögensberatungen offen. Das sind Berater, die sich darauf spezialisiert haben, vermögende Einzelpersonen oder Familien zu betreuen. Diese Dienstleister bieten ein All-inclusive-Paket an und versprechen eine individuelle Betreuung, verlangen dafür aber häufig pro Jahr 1 Prozent oder mehr der angelegten Summe. Denn es gilt: Umsonst ist eine fundierte Vermögensberatung oder -verwaltung nicht zu haben, weder bei der lokalen Bank noch bei spezialisierten Beratern. Das mag sich zwar manchmal so anfühlen, weil häufig keine explizite Gebühr für deren Dienstleistungen verlangt wird. Aber denken Sie daran: Die Finanzinstitute (und meist die Berater selbst) verdienen über Provisionen mit. Wenn sie ein Produkt

Bereit für den Start?

Einmal durchatmen bitte, bevor es losgeht: können Sie diese Punkte auf der Checkliste abhaken oder für sich beantworten? Wenn Sie alles geklärt haben, geht es im Folgenden an die Details.

- O **Finanzamt:** Das neu erworbene Vermögen gehört in der kompletten Summe mir. Ich muss nichts mehr an andere Personen oder das Finanzamt abgeben.
- O **Kredite:** Ich habe keine Kredite mit hohen Zinsen laufen oder andere Schulden, die ich leicht mit dem Geld tilgen könnte.
- O **Finanzen:** Meine aktuelle finanzielle Bilanz ist mir bekannt, ich weiß, was mittelfristig an Einnahmen und Ausgaben auf mich zukommt.
- O **Notgroschen:** Ich habe eine finanzielle Rücklage für Notfälle, die ungefähr drei Monatsgehältern entspricht. Falls nicht, stocke ich diesen Puffer aus dem dazugewonnenen Geld auf.
- O **Anlagedauer:** Ich habe mir Gedanken zu meinem Anlagehorizont gemacht und weiß, wann ich das Geld vermutlich wieder brauche.
- O **Risikotragfähigkeit & -bereitschaft:** Mein Bauchgefühl und meine Bilanz sagen mir, wie viel Risiko ich eingehen kann – also wie viel Geld ich maximal verlieren will und darf.
- O **Ziele:** Ich weiß, für welche Träume ich mein Vermögen einsetzen will und wie ich das Risiko ausreichend streue.
- O **Strategie:** Ich habe eine ungefähre Ahnung, welchen Teil des Vermögens ich in welches Vorhaben stecken will, und wie ich dabei die von mir gewählte Balance zwischen Sicherheit und Rendite erhalten kann.
- O **Aufwand:** Mir ist klar, wie viel Zeit und Arbeit ich für die Verwaltung meines Vermögens aufbringen will – sowohl jetzt als auch in den kommenden Jahren.
- O **Informationen:** Ich kenne die grundlegenden Begriffe und weiß, wo ich Informationen herbekomme, falls etwas mein Wissen übersteigt.
- O **Nachhaltigkeit:** Ich habe für mich geklärt, wie nachhaltig meine Geldanlage beziehungsweise mein Investment sein soll.

verkaufen, erhalten sie ein paar Prozent der investierten Summe, gewissermaßen als Belohnung für den Verkaufsprozess. Bei manchen Finanzprodukten erhalten sie sogar jedes Jahr einen kleinen Anteil am angelegten Vermögen oder der erreichten Rendite.

Im Vorfeld einer Anlage muss Ihnen die Bank eine Übersicht geben, aus der hervorgeht, wie viele Kosten wahrscheinlich über die Zeit anfallen. Haben Sie eine Anlage einmal abgeschlossen, erhalten Sie in vielen Fällen jährlich zudem eine Aufstellung über die tatsächlich angefallenen Kosten. Schauen Sie sich diese Werte genau an, vergleichen Sie sie – und fragen Sie bei Ihren Beratern nach, wenn Sie etwas nicht verstehen.

Eine mögliche Alternative könnten Honorarberater sein. Die bekommen keine Provisionen, sondern werden für ihre Zeit oder pauschal für Arbeitsschritte bezahlt. Der Bundesverband Honorarberater bietet auf seiner Homepage ein Verzeichnis an, über das sich Ansprechpartner in Ihrer Nähe finden lassen (www.bundesverband-honorarberater.de). Berater jeglicher Art sollten idealerweise mindestens eine Bankausbildung haben. Im Idealfall haben Sie Bekannte, die bereits gute Erfahrungen gemacht haben und mit Hinweisen weiterhelfen können.

In einem möglichst kostenlosen Orientierungsgespräch sollten die Berater festlegen, was sie unternehmen und welche Kosten zu erwarten sind. Der Bundesverband schlägt etwa knapp 1500 Euro für eine ganzheitliche Beratung vor, in der ein Vermögenskonzept entwickelt wird und die wichtigsten Kriterien für eine Produktempfehlung genannt werden. Wer sein Vermögen laufend betreuen lassen will, inklusive der Abwicklung von Anlagen, muss bei einem Vermögen bis 250 000 Euro mit 0,95 Prozent der Summe rechnen. Mit steigendem Vermögen sinkt dieser Prozentsatz deutlich.

Welche Vermögensziele kann ich erreichen?

Bei einem plötzlichen Vermögenszuwachs sind viele Vorstellungen auf einmal realisierbar. Sogar Träume, die zuvor unerreichbar anmuteten, lassen sich nun möglicherweise umsetzen. Denn die Basis bilden viele standardisierte Finanzinstrumente.

Das bedeutet, dass Sie sich auf bewährte Mechanismen verlassen und Sie zwischen verschiedenen Produkten auswählen können und dass die Spielregeln klar definiert sind. Dabei können sich die Nuancen ganz abhängig von der persönlichen Ausgangslage und dem erhofften Ziel natürlich unterscheiden. Der richtige Mix mag individuell aussehen – je nach Traum, Vermögen und Risikofreude. Die folgenden Strategien helfen dabei, einige der populärsten Vermögensziele zu erfüllen.

Vermögensziel: Leben ohne Geldsorgen! Eine größere Geldsumme kann Beruhigung bringen. Dieses Level an finanzieller Sicherheit ist für viele Menschen ein höchst erstrebenswertes Ziel. Kurzfristig muss das Kapital nicht angerührt werden, langfristig sichert es einen künftigen Immobilienkauf, die Ausbildung der Kinder oder den Ruhestand finanziell ab. Zudem eröffnet es die Flexibilität und den Luxus, sich zu späteren Zeitpunkten größere Anschaffungen als gedacht zu leisten. Zugleich müssen Sie nicht heute entscheiden, ob und wie Sie Ihr Geld nutzen wollen. Mit einer klug ausgerichteten, unaufgeregten Geldanlage wächst Ihre Ausgangssumme mit dem Risikoprofil vor sich hin, das zu Ihnen passt. Im dritten Kapitel ab S. 35 verraten wir, wie Sie Ihr Portfolio so zusammenstellen, dass es Ihren Ansprüchen gerecht wird.

Vermögensziel: Zuschuss für den Alltag oder das Alter. Schön, wenn Ihnen die Arbeit Freude macht. Doch immer wieder wünschen sich Menschen, nicht mehr komplett auf die monatlichen Überweisungen des Arbeitgebers angewiesen zu sein. Sei es, um mehr Zeit für die Familie zu haben oder um sich Hobbys oder der eigenen Geschäftsidee zu widmen. Ebenso relevant: Ein größeres Vermögen kann die gefürchtete „Rentenlücke" im Alter abfedern – wenn die bisherige Altersvorsorge nicht reicht, um den aktuellen Lebensstandard aufrechtzuerhalten. Ihr dazugewonnenes Vermögen ermöglicht Ihnen vielleicht, monatlich einen Beitrag aus dem angelegten Geld zu erhalten. Wie weit Sie mit wie viel Geld kommen, erfahren Sie im vierten Kapitel ab S. 72.

Vermögensziel: Endlich zum Eigentum! Der Traum von den eigenen vier Wänden lebt – egal, wie es gerade um Immobilienpreise bestellt ist oder wie hoch die Hypothekenzinsen auch sind. Mit solidem Startkapital lassen sich viele Anfangshürden rund um dieses Thema abkürzen. Im fünften Kapitel ab S. 97 beschreiben wir, wie Sie das Projekt Eigenheim angehen.

Weitere Vermögensziele: Bei einem plötzlichen Vermögenszuwachs steigt bei manchem der Reiz, spekulativere Investitionen in den Blick zu nehmen. Finanztest rät unerfahrenen Anlegerinnen und Anlegern davon ab. Wenn Sie unbedingt in ein paar ausgewählte Einzelaktien investieren, Gold im Portfolio haben oder erste Gehversuche bei Kryptowährungen unternehmen wollen, lesen Sie zuerst das sechste Kapitel ab S. 124. Hier umreißen wir die wichtigsten Spielregeln dieser hochriskanten Anlageklassen, in die nur ein kleiner Teil Ihres Vermögens fließen sollte.

03

Geldanlage für ein Leben ohne Sorgen

Finanzielle Selbstbestimmung

Keine Geldsorgen mehr – ein Traum vieler Menschen. Mit Ihrem Startkapital und einer klaren Strategie verschaffen Sie sich finanzielle Sicherheit. Und bleiben trotzdem flexibel.

Von wegen Boot oder Brillanten: Umfragen zufolge träumen die Deutschen zuallererst von Gesundheit, gefolgt vom Wunsch nach ausgedehnten Reisen. Erst knapp dahinter kommt das Ziel, finanzielle Selbstbestimmung zu erreichen und unabhängig zu sein.

Hinter diesen großen Worten verbirgt sich ein emotionaler Wunsch: die Sicherheit, den Hochs und Tiefs des Alltags aus finanzieller Sicht etwas gelassener entgegentreten zu können. Eine größere Summe Geld kann dafür sorgen, dass Sie sich um finanzielle Fragen keine großen Gedanken mehr machen müssen.

Allein das verändert den Alltag: Wer beruflich nicht jede Überstunde mitnehmen muss, um sich einen Zusatzverdienst zu sichern, gewinnt an Freiheit und Freizeit. Wer nicht fürchten muss, dass eine unerwartet teure Reparatur am Auto dafür sorgt, dass Urlaube ausfallen müssen, der geht entspannter durchs Leben. Die Gründe, sich und seinen engsten Kreis finanziell absichern zu wollen, sind vielfältig.

Beispiel: Anja, 53 Jahre alt. Ihr plötzlich verstorbener Ehemann hinterlässt ihr ein umfangreiches Aktiendepot im Wert von 100 000 Euro. Das Geld will Anja nutzen, um nach ihrem Renteneintritt eine altersgerechte Eigentumswohnung in der Nähe ihrer Tochter zu kaufen.

Beispiel: Paul und Marion, in ihren Vierzigern. Durch den Verkauf des Elternhauses von Marions verstorbener Mutter erhalten sie 200 000 Euro. Das Kapital soll dazu dienen, irgendwann eine Ferienimmobilie in Südeuropa zu kaufen, wenn sich eine günstige Gelegenheit ergibt.

Beispiel: Anton, 38 Jahre alt. Er arbeitet als Ingenieur bei einem großen Automobilzulieferer. Eine familiäre Schenkung über 80 000 Euro will er anlegen. Dieses Polster soll ihm und seiner Familie Sicherheit verschaffen, falls er kurzfristig seinen Job verliert – und im besten Fall die Ausbildung seiner beiden Kinder finanzieren.

Kurzfristig gleichen sich die Ziele: Es geht darum, Geld so anzulegen, dass es sicher ist – und dennoch über die Jahre an Wert gewinnt. Dazu kommt bei vielen Menschen der Wunsch, sich nicht permanent mit der Anlage auseinandersetzen zu müssen. Anstatt täglich oder wöchentlich auf Kurstabellen oder Wirtschaftsnachrichten zu starren, soll die Anlage in aller Ruhe vor sich hinarbeiten. Zum Luxus gehört es dann, sich wenig um das Geld zu kümmern und trotzdem die Gewissheit zu haben, es jederzeit nutzen zu können.

Auf den folgenden Seiten erfahren Sie, welches Anlagekonzept eine solche Gelassenheit in Geldfragen ermöglichen kann. Das Ziel besteht darin, eine größere Summe anzulegen – und sie nach dem Ablauf eines längeren Zeitraums zu verwenden. Am Ende dieses Kapitels wissen Sie, wie Sie Ihren Risikotyp identifizieren und ein passendes Portfolio für sich und Ihr Vermögen aufbauen. Das bildet die Grundlage für eine vermögenssichernde Geldanlage. Zugleich bietet diese Strategie eine gute Basis, um sich regelmäßig einen Zuschuss zu zahlen (siehe S. 73 „Startschuss für die regelmäßige Zahlung") oder Kapital für einen Immobilienkauf aufzubauen (siehe S. 97, „Vermögenziel: Endlich Eigenheim").

Das Finanztest Pantoffel-Portfolio

Bequem und zugleich trittsicher in allen Situationen – was für Hausschuhe wichtig ist, passt auch für Ihr Vermögen. Das Pantoffel-Portfolio kombiniert Stabilität mit Wachstumschancen.

Geld, das Sie übermorgen benötigen, sollte heute nicht für zu viel Kopfzerbrechen sorgen. Nach dieser Leitlinie hat Finanztest bereits im Jahr 2013 das Pantoffel-Portfolio entwickelt. Dieses beschreibt eine simple Mischung aus Anlagen, die die Bedürfnisse vieler Anleger abdeckt.

Was haben Geldanlage und Hausschuhe gemeinsam? Im Fall des Pantoffel-Portfolios gleichen sich die wichtigsten Eigenschaften: Ebenso wie bei guten Pantoffeln ist es zunächst einmal leicht, in das entsprechende Portfolio hineinzuschlüpfen – es bedarf keines großen Aufwands. Und Ihr Portfolio benötigt auch längerfristig keine aufwendige Pflege.

Dazu kommt der unterschätzte, aber vielleicht relevanteste Aspekt: Das Pantoffel-Portfolio bringt Ihnen Sicherheit. So wie Sie mit den Hausschuhen auf dem glattgebohnertem Wohnzimmerboden stabil stehen, sorgt das Portfolio selbst in turbulenten Phasen dafür, dass Ihr Vermögen auf einem sicheren Fundament ruht. Gleichzeitig ermöglicht es Ihnen, das Kapital gerade über längere Zeiträume wachsen zu lassen – so wie Sie mit Ihren Pantoffeln auch in schnellem Tempo die Treppe ins obere Stockwerk nehmen können.

Dabei gibt es nicht das eine Pantoffel-Portfolio, das Sie 1:1 nachkaufen können. Doch die grundsätzliche Funktionsweise bleibt die gleiche. Weil es um eine Mischung aus weit verbreiteten und standardisierten Finanzinstrumenten geht, ist die Herangehensweise an Ihr persönliches Portfolio identisch – ganz unabhängig davon, welche Schwerpunkte Sie setzen wollen. Die Strategie von Finanztest ist also in erster Linie eine Anleitung, um eine individuelle Vorgehensweise für Ihre Vermögensanlage und Ihren Vermögensaufbau zu erhalten.

Bestandteile des Pantoffel-Portfolios

Um Ihr Pantoffel-Portfolio einzurichten, benötigen Sie nur zwei Bausteine, genauer gesagt: zwei Konten. Die lassen sich ohne großen Aufwand (und in der Regel ohne große Kosten) selbst einrichten. Steht das Portfolio, bedarf es nur noch eines regelmäßig prüfenden Blickes auf die Konten – und in seltenen Fällen einer kleinen Kurskorrektur. Gleichzeitig ist das Portfolio variabel genug, um zu reagieren, wenn sich die Lebensumstände ändern.

Renditebaustein: Das erste Konto soll dafür sorgen, dass Sie von den Entwicklungen der weltweiten Märkte profitieren können. Hierfür benötigen Sie ein Wertpapierdepot. Dort werden künftig Ihre Aktien-ETF (siehe S. 39) verwahrt. Diese Anlageform stellt eine einfache und kostengünstige Möglichkeit dar, um sehr breit in Unternehmen aus verschiedenen Ländern und Branchen zu investieren. Sie können an den Kursentwicklungen teilhaben, ohne Hunderte oder gar Tausende Firmen im Blick haben zu müssen. ETF haben in aller Regel eine sehr hohe Liquidität – Sie können einzelne Anteile meist sofort kaufen oder verkaufen. Gleichzeitig ist der Renditebaustein einigen Schwankungen unterworfen: Die Kurse können über die Jahre deutlich steigen und so für eine ordentliche Rendite sorgen. Möglicherweise sinken sie aber auch unter ihren Einstiegskurs. Falls Sie den ETF zu diesem Zeitpunkt verkaufen müssen, machen Sie Verlust. Über die vergangenen Jahrzehnte betrachtet, haben ETF für verlässliche Zuwächse gesorgt.

WAS IST EIN ETF? Die Abkürzung steht für „Exchange Traded Funds", also „börsengehandelte Fonds". Populär sind Aktien-ETF, mit denen Sie Anteile an vielen Unternehmen kaufen. Ein ETF orientiert sich an einem Börsenindex – einer repräsentativen Auswahl von Werten für ein Land oder eine Branche. Beispiele sind der deutsche Leitindex Dax oder der Weltaktienindex MSCI World. Die Wertentwicklung zeichnet den Verlauf des Index automatisch nach.

Sicherheitsbaustein: Das zweite Konto ist für Zinsanlagen da. Hier bietet sich vor allem Tagesgeld an, eventuell auch eine Mischung aus Tagesgeld und Festgeld. Das Kapital wächst auf diesem Konto über die Jahre eher zaghaft an. Es kann nominal niemals an Wert verlieren. Wenn Sie 100 000 Euro einzahlen, werden Sie viele Jahre später immer noch diese 100 000 Euro erhalten – ergänzt um die Zinszahlungen. Damit können Sie zwar real – aufgrund der Inflation – an Kaufkraft verlieren. Im Gegenzug ist das Geld auf diesem Konto keinen Kursschwankungen unterworfen, die für wilde Achterbahnfahrten nach oben und unten sorgen. Darum bildet dieses Konto den Sicherheitsbaustein Ihres Pantoffel-Portfolios. Beim Tagesgeld können Sie jederzeit auf die gesamte Summe oder Teile davon zugreifen. Beim Festgeld ist das Kapital für einen bestimmten Zeitraum gebunden, dann aber ebenfalls wieder verfügbar.

Mischung: Diese zwei Bestandteile bilden Ihr Portfolio. Sie entscheiden sich dafür, in welchem Verhältnis Sie Sicherheits- und Renditebaustein mischen. Sie wählen aus, ob Sie inhaltliche Schwerpunkte in Ihrem Renditebaustein setzen oder Ihr Vermögen auf mehr als zwei Töpfe verteilen möchten. All das können Sie von verschiedenen Faktoren abhängig machen: Wann wollen Sie Ihr Vermögen planmäßig einsetzen, wie lange wollen Sie es anlegen? Welches Risiko möchten Sie dabei eingehen, wie viel des Vermögens muss jederzeit verfügbar und gesichert sein?

Vorteile des Pantoffel-Portfolios

Zwei Bestandteile, ein Portfolio, nahezu null Aufwand. Klingt zu schön, um wahr zu sein? Tatsächlich mögen Ihnen smarte Anlageexperten auf Partys oder in den sozialen Netzwerken anderes zuraunen: Verzichten Sie auf Zinsanlagen und picken Sie sich stattdessen einige vielversprechende Einzelaktien heraus! Setzen Sie nicht auf die Standardinstrumente für die breite Masse, sondern auf exklusive Anlageformen, die Ihnen mit Ihrem geerbten Vermögen offenstehen!

Doch Statistik und Wissenschaft enttarnen diese Finanzdampfplauderer schnell. Natürlich kann es theoretisch gelingen, dieses eine Start-up zu finden, das durch Technologiesprünge für ein Kursfeuerwerk sorgt. Doch wahrscheinlicher ist es, dass sich Ihr Investment in Luft auflöst, weil die allermeisten jungen Unternehmen scheitern. Natürlich mag es ein komplexes Finanzinstrument geben, das bei einem exakt eintreffenden Szenario überproportionale Gewinne einbringt. Realistischer ist, dass Sie hohe Gebühren zahlen, um es nutzen zu können – und im schlechtesten Fall müssen Sie sogar noch Geld nachschießen.

Mit dem Pantoffel-Portfolio passiert Ihnen das nicht. Sie setzen auf etablierte Finanzinstrumente, die unabhängig von der investierten Summe nach eindeutigen Spielregeln funktionieren. Zugleich können Sie individuelle Akzente setzen – und müssen dafür verhältnismäßig wenig Zeit aufbringen. Folgende Vorteile vereint ein Pantoffel-Portfolio:

Breit gestreut: Je konzentrierter das Risiko, desto höher die Verlustgefahr. Das gilt im ersten Schritt für Ihr gesamtes Vermögen: Versuchen Sie, Ihr Kapital auf verschiedene Säulen aufzuteilen, also im besten Fall durch eine Mischung aus Geldwerten, Anleihen, Aktien, Immobilien oder anderen Sachwerten. Das Pantoffel-Portfolio sorgt automatisch für eine Streuung. Da Aktien-ETF ganze Indizes nachbilden, enthalten sie meist eine Vielzahl an verschiedenen Titeln, entweder aus verschiedenen Ländern oder Branchen (oder beides). Kränkelt die eine Branche, schwächelt das eine Land, wird das leichter wieder durch Zuwächse in anderen Sektoren und Regionen ausgeglichen.

Kostengünstig: Je höher die Kosten für eine Anlage, desto geringer Ihre Rendite. Das Pantoffel-Portfolio ermöglicht es Ihnen, die Ausgaben klein zu halten. Beim Konto für den Sicherheitsbaustein handelt es sich in aller Regel um ein Tagesgeld- oder Festgeldkonto. Mehr als 5 Euro pro Monat oder 60 Euro im Jahr sollten Sie für eine solche Kontoverbindung nicht bezahlen – wenn Sie ausschließlich auf Onlinebanking setzen. Es gibt auch kostenlose Anbieter. Finanztest untersucht regelmäßig alle Angebote und listet die besten stets aktuell unter test.de/tagesgeld beziehungsweise test.de/festgeld auf. Beim Renditebaustein hilft Ihnen, dass viele Banken um Anlegerinnen und Anleger konkurrieren und dadurch günstige oder sogar kostenfreie Wertpapierdepots anbieten, inklusive geringer Gebühren für den Kauf und Verkauf von Anteilen. ETF selbst sind hochgradig standardisiert, sie funktionieren nach klar aufgestellten Regeln und kosten daher in der Regel unter 0,5 Prozent der angelegten Summe pro Jahr.

Transparent: Sie wollen sich zwar vielleicht nur selten mit Ihrem Kapital beschäftigen, aber Ihre Vermögensentwicklung sollte keine Black Box sein. Weil ETF börsengehandelt sind, können Sie jederzeit nachschauen, wie sich die Kurse – und damit auch Ihre Anlage – verändern. Das verhindert böse Überraschungen, wenn Sie nach vielen Jahren oder sogar Jahrzehnten eine bestimmte Summe erwarten und dann bitter enttäuscht würden. Zudem sind die Anlagebedingungen hoch standardisiert und lassen sich schon bei der Auswahl gut miteinander vergleichen – wollen Sie etwa jährlich Dividenden erhalten oder soll das ausgeschüttete Geld direkt wieder angelegt werden? Ähnliches gilt für den Sicherheitsbaustein: Hier verändern sich die Konditionen zwar häufig durch einen veränderten Leitzins, aber auch das lässt sich transparent auf den Seiten der Banken verfolgen. Achtung: Die Finanzinstitute melden sich oftmals nicht automatisch, wenn sie den Zins auf Ihre Anlage reduzieren.

Flexibel: Das Pantoffel-Portfolio ist dazu gedacht, Geld über einen längeren Zeitraum sicher und gewinnbringend anzulegen. Doch wenn sich an Ihren Plänen oder Träumen etwas ändert, müssen Sie nicht die grundsätzliche Anlagestrategie über den Haufen werfen. Beide Bausteine des Portfolios sind sehr liquide. Das hilft auch, wenn Ihr Vermögen bereits in einem anderen Portfolio gebunden ist – Sie können das Depot mit relativ geringen Kosten und wenig Aufwand zu einer Pantoffel-Variante umbauen. ETF-Anteile sind börsengehandelt, weshalb sie kurzfristig ge- und verkauft werden können. Und zwar in beliebigen Tranchen: Ob 100 oder 100 000 Euro, jede Stückelung und Größenordnung ist möglich. Tagesgeld lässt sich ebenfalls am selben Tag flüssig machen, falls Sie überraschend Cash benötigen. Nur bei Festgeld sind Sie an die vereinbarte Laufzeit gebunden, bis Sie wieder über das Geld verfügen können. Nach einem Eingriff ins Portfolio schaffen Sie es mit wenigen Handgriffen, wieder die gewünschte Balance Ihrer Anlagen herzustellen.

Das Pantoffel-Portfolio auf einen Blick

Diese Anlagestrategie soll Ihnen so gut passen wie Ihr eigener Pantoffel. Je nach Risikotyp können Sie Ihr Vermögen in unterschiedlichem Maße an der Börse anlegen oder auf sichere Zinsanlagen verteilen. Je höher der Aktienanteil, desto höher sind die Renditechancen, aber auch die möglichen Risiken.

Einmalanlage über einen Zeitraum von 30 Jahren. Wer 1994 eine Summe in der ausgewogenen Ausrichtung angelegt hätte, dessen Vermögen hätte sich um den Faktor 6 vermehrt.

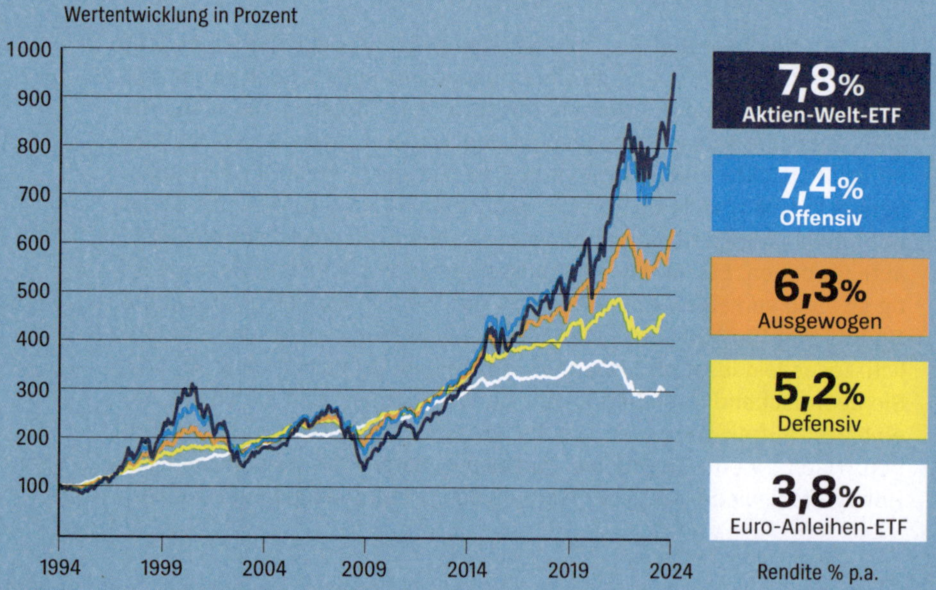

Quelle: Refinitiv, eigene Simulationen. Stand: 29. Februar 2024

Selbiges gilt für den Fall, dass Sie sich nach einigen Jahren dafür entscheiden, von einer Einmalanlage auf einen regelmäßigen Sparplan umzustellen – für größere Vermögen ist diese Strategie nicht sehr relevant.

Risikotypen

Das Pantoffel-Portfolio ist nichts für Zocker – so wie Pantoffeln nicht die geeigneten Schuhe für Menschen sind, die ohne Sauerstoff den Mount Everest erklimmen wollen. Der Sicherheitsbaustein verhindert in erster Linie, dass dieser Teil Ihres Kapitels nominal an Wert verliert. Der Renditebaustein ist Schwankungen unterworfen.

Sie müssen sich fragen: Welchen Anteil am gesamten Portfolio dürfen Aktien-ETF ausmachen? Dafür müssen Sie noch einmal ganz genau in sich hineinhören: Wie viel Risiko sind Sie bereit, einzugehen, ohne sich unwohl zu fühlen? Und Sie müssen auf Ihre Finanzen schauen: Wie viel Risiko können Sie tatsächlich tragen, ohne in monetäre Schwierigkeiten zu geraten?

Im zweiten Kapitel ab Seite 26 haben Sie sich bereits mit der Frage nach Ihrem Risikotyp beschäftigt. Dieses Ergebnis stellen Sie noch einmal mit den nachfolgenden Punkten auf die Probe.

Finanzielle Situation: Wie gut können Sie Ausschläge nach unten verkraften? Wenn Sie auf die Ausgangssumme angewiesen sind, spricht das für ein defensives Verhalten. Ist ein Minus hingegen verkraftbar, können Sie offensiv kalkulieren.

Anlagedauer: Aktienkurse schwanken zwar immer wieder – auf lange Sicht betrachtet entwickelten sie sich bislang allerdings nach oben. Tatsächliche Verluste erleiden Sie nur, wenn Sie Ihre Anlagen exakt zu dem Zeitpunkt auflösen (müssen), an dem der Kurs am Boden ist. Je flexibler Sie langfristig beim Einsatz Ihres Vermögens sind, desto offensiver können Sie rechnen.

Bauchgefühl: Das Pantoffel-Portfolio soll Ihnen in jedem Fall den Luxus ermöglichen, Ihr Vermögen sorgenfrei angelegt zu haben. Je mehr Unruhe Überlegungen über Marktschwankungen bei Ihnen auslösen, desto stärker gewichten Sie den Sicherheitsbaustein.

Am Ende dieser Überlegungen wird eine individuelle Risikoformel in Ihrem Kopf entstehen. Doch seien Sie beruhigt: Wenn Sie wenig Arbeit mit

Ihrer Anlage haben wollen, lässt sich diese Formel ohne Probleme in eine von drei Varianten übersetzen.

Für die meisten Anleger ist dabei die ausgewogene Pantoffel-Variante geeignet. Diese enthält Aktien-ETF und Zinsanlagen zu gleichen Teilen. Wer risikobereiter ist oder einen langen Anlagehorizont hat, zu dem passt die offensivere Variante – aus drei Vierteln Aktien-ETF und einem Viertel Zinsanlagen. Umgekehrt sieht es bei der defensiven Variante aus, die zu besonders sicherheitsbewussten Anlegern passt. Hier besteht Ihr Portfolio zu 75 Prozent aus Zinsanlagen, zu 25 Prozent aus Aktien-ETF.

Anlagehorizont

Tendenziell gilt somit: Je kürzer Sie Ihr Kapital anlegen, je früher Sie es nutzen, je dringender Sie es zu einem exakten Zeitpunkt benötigen, desto defensiver sollten Sie anlegen. Damit erhöhen Sie die Wahrscheinlichkeit, keine empfindlichen Verluste zu erleiden. Sie verringern andererseits gleichzeitig die Chance, dass sich Ihr Kapital kräftig vermehren kann. Neben dem in den folgenden Beispielen veranschaulichten Aspekt des Anlagehorizonts steht aber immer auch Ihre Risikobereitschaft und Risikotragfähigkeit.

Beispiel: Anja. Sie verfügt über ein stabiles Einkommen und einige finanzielle Reserven. In etwa 15 Jahren geht sie in Rente und will die Eigentumswohnung in der Nähe ihrer Tochter erwerben – der Auswahl- und Kaufprozess darf sich jedoch über zwei oder drei Jahre hinziehen. Sie wählt eine ausgewogene Pantoffel-Variante für ihre 100 000 Euro.

Beispiel: Paul und Marion. Sie träumen mit Mitte 40 von einer luxuriös ausgestatteten Ferienwohnung in Südspanien als Alterswohnsitz. Sie bringen einiges, aber noch nicht ausreichend viel an Eigenkapital mit. Daher hoffen sie auf eine hohe Rendite am Aktienmarkt und nehmen in Kauf, dass die ETF-Kurse zwischendurch auch schlechter stehen könnten. Sie wählen daher eine offensive Pantoffel-Variante für ihre 200 000 Euro.

Beispiel: Anton. Der Ingenieur weiß nicht, wie lange der Job in seiner aktuellen Arbeitsstelle noch sicher ist. Um jederzeit mit einer verlässlichen Summe rechnen zu können, wählt für die 80 000 Euro aus einer Schenkung seiner Eltern die defensive Pantoffel-Variante aus.

Geduld zahlt sich aus. Diese Grundregel der Geldanlage gilt insbesondere für den ETF-Anteil Ihres Portfolios, denn der schwankt mit den weltweiten Aktienkursen. Selbst in der defensiven Variante kann Ihr Vermögen an Wert verlieren, wenn es hart auf hart kommt. In Zeiten, in denen immer wieder unerwartete Krisen die Weltlage prägen, ist ein plötzlicher und heftiger Rückgang niemals auszuschließen. Umso wichtiger ist es, die Geldanlage mit einem langfristigen Anlagehorizont anzugehen. So sitzen Sie Kurseinbruche aus, bis wieder bessere Zeiten herrschen.

MEHR VORSICHT BEI PLÄNEN MIT KURZER FRIST: Wenn Sie heute Ihr Vermögen für eine festgelegte Investition in drei oder vier Jahren einplanen, ist es möglich, dass Ihr Portfolio dann im Minus liegt. Wenn Sie also große Entnahmen vorhaben und dafür die Gesamtsumme oder einen Großteil Ihres Kapitals benötigen, sollten Sie maximal die defensive Variante des Pantoffel-Portfolio nutzen. Alternativ können Sie auch 100 Prozent des Vermögens im Sicherheitsbaustein anlegen.

Die erste beruhigende Nachricht: Zunächst besteht ein möglicher Verlust nur „auf dem Papier". Solange Sie Ihre Anteile nicht verkaufen, steht da zwar eine rote Zahl in Ihrem Onlinebanking, aber Sie spüren es noch nicht in Ihrer tatsächlichen Vermögenssituation. Die zweite beruhigende Nachricht: Auf lange Sicht betrachtet, haben sich die Aktienmärkte immer positiv entwickelt. Das ist keine Garantie für die Entwicklung der kommenden Jahrzehnte, aber eine gewisse Bestätigung.

Warum dann nicht alles in Aktien anlegen? Weil Ihr Vermögen dann ein deutlich höheres Risiko hat, an Wert zu verlieren. Wer sich in der Vergangenheit auf die Börsen verließ, musste im schlimmsten Fall eine mehr als 13-jährige Verlustperiode aushalten. Beim ausgewogenen Pantoffel-Portfolio währte ein solches Schreckensszenario nur gut fünf Jahre. Geht es um die schlechteste Jahresrendite der vergangenen drei Jahrzehnte, dann dämpfte das ausgewogene Pantoffel-Portfolio den Verlust auf knapp 20 Prozent, während es bei einer 100-Prozent-Aktien-ETF-Strategie fast minus 40 Prozent waren.

Umgekehrt sorgt eine reine Investition in Tagesgeld dafür, dass Ihr Kapital in Niedrigzinsphasen zwar niemals schrumpft, aber nur geringfügig wächst. Über einen längeren Zeitraum wird das Plus daher von der Inflation aufgefressen. Das Pantoffel-Portfolio bietet historisch betrachtet eine gute Balance zwischen Sicherheit und Rendite.

Anlagezeitpunkt

Wenn sie Ihr geerbtes Vermögen in ein Pantoffel-Portfolio aufteilen und anlegen, bewegen Sie schnell fünf- oder gar sechsstellige Summen. Das sorgt für Herzklopfen: Wie findet man den einen richtigen Zeitpunkt, um einen solch großen Betrag auf Rendite- und Sicherheitsbaustein zu verteilen? Oder ist es nicht viel sinnvoller, regelmäßig kleinere Teile des Vermögens zu investieren – über einen sogenannten Sparplan?

Die kurze Antwort ist: Man weiß es nicht. Es lässt sich nicht vorhersagen, wie sich der globale Aktienmarkt in näherer Zukunft entwickeln wird. Die grundsätzliche Überzeugung von Finanztest ist, dass dieser langfristig steigt. Daher der Rat: Auf den besten Zeitpunkt zu warten, lohnt sich nicht. Den kennt man immer erst im Nachhinein.

Doch natürlich zehrt ein Einbruch an den Börsen (oder bei variablen Zinssätzen), kurz nachdem Sie das Geld angelegt haben, massiv an den Nerven. Bei einer Einmalanlage haben Sie also immer das Risiko, dass Sie nah am Höchststand investieren.

Bei einem Sparplan hingegen investieren Sie monatlich oder jährlich vergleichsweise geringe Summen. Stürzen die Aktienkurse zu Beginn Ihres Anlageweges ab, steigen Ihre Anteile mit etwas Glück deutlich stärker – insgesamt verteilt sich Ihr Risiko über einen längeren Zeitraum.

Andererseits gilt: Gerade mit einem größeren Ausgangsvermögen verschenken Sie unter Umständen einiges an Rendite, wenn Sie Ihr Kapital nur scheibchenweise ins Pantoffel-Portfolio stecken.

Eine ausführliche Untersuchung von Finanztest zeigt, dass im historischen Vergleich die „All in"-Variante zu den meisten Zeitpunkten für bessere Renditen gesorgt hat. Je weiter der Anlagehorizont, umso unbesorgter dürfen Sparer zudem bei massiven Kursdellen sein.

Für größere Vermögen kann ein Mischmodell die Lösung sein: Verteilen Sie beispielsweise das Kapital auf drei oder fünf Raten, die Sie über ein Jahr investieren. Damit steigt die Wahrscheinlichkeit, dass Sie innerhalb dieses Zeitraumes unterschiedliche Marktphasen erwischen – und trotzdem wird Ihr Vermögen schnell angelegt.

Steuern

Mit großem Vermögen gehen große Steuerfragen einher? Nicht unbedingt. Im Pantoffel-Portfolio ist vor allem eine Steuerart für Sie relevant – und zwar die Kapitalertragssteuer. Seit 2009 werden Erträge aus Vermögen einheitlich besteuert. Dabei gibt es Freibeträge. Folgende Fakten sind wichtig.

Kapitalertragssteuer: Diese Steuer beträgt 25 Prozent auf jeden Cent, den Sie mit Ihren angelegten Euro verdient haben – ob über Zinsen, Dividenden oder Kursgewinne (die werden nur zu dem Zeitpunkt fällig, zu dem Sie Aktien oder ETF tatsächlich mit einem Plus verkaufen). Dazu kommt der Solidaritätszuschlag in Höhe von 5,5 Prozent (bezogen auf die erhaltene Summe). Wenn Sie Kirchensteuer zahlen, wird diese ebenfalls noch draufgeschlagen.

Das führt insgesamt zu einer Kapitalertragssteuer von insgesamt 26,3750 Prozent ohne Kirchensteuer, bei 8 Prozent Kirchensteuer (Bayern, Baden-Württemberg) von 27,8186 Prozent und bei 9 Prozent Kirchensteuer (übrige Bundesländer) von 27,9951 Prozent.

Bei Kapitaleinkünften aus Deutschland wird das Geld automatisch von den Banken abgezogen und an das Finanzamt weitergeleitet, weshalb die Kapitalertragssteuer häufig auch Abgeltungssteuer genannt wird. Anders sieht es nur bei Einkünften aus dem Ausland aus, wo viele Staaten die dort fälligen Steuern direkt abziehen. Über die Steuererklärung können Sie sich Teile dieser Quellensteuer wiederholen (siehe S. 149).

Freibetrag: Jede und jeder hat einen jährlichen Freibetrag, der aktuell bei 1000 Euro liegt. Ehepaaren stehen 2000 Euro zur Verfügung. Die Kapitalertragssteuer wird erst fällig, wenn Sie diesen Betrag überschreiten.

Beispielrechnung Freibetrag:

Zinssatz von 3 Prozent, einmalige Zahlung am Jahresende

Als Einzelperson müssten Sie mindestens 33 334 Euro für ein Jahr anlegen, damit der Freibetrag überschritten wäre.

Der Freibetrag gilt pro Sparer, nicht pro Konto. Haben Sie also mehrere Konten mit Kapitalerträgen, werden die Summen addiert. Sie können bei Ihren Banken Freistellungsaufträge einrichten – das geht über den Bankberater oder im Onlinebanking. Die 1000 Euro Freibetrag können Sie dort nach Wunsch verteilen.

Mit der Jahressteuerbescheinigung sendet Ihnen die Bank die Übersicht über Freibeträge und abgeführte Steuern zu. Die endgültige Abrechnung, wie viel Kapitalertragssteuer Sie eventuell nachzahlen müssen oder ob Sie Geld zurückerhalten, erfolgt über die Steuererklärung.

Renditebaustein

Dieser Baustein sorgt für Dynamik in Ihrem Portfolio. Dabei bleibt es Ihnen überlassen, ob Sie auf eine simple Variante setzen – oder Ihr Vermögen gezielt einsetzen.

Ihr Vermögen liegt bereit, Ihr Risikotyp ist klar, Ihre Ziele ebenfalls. Beste Voraussetzungen, sich zunächst um den Renditebaustein zu kümmern. Dabei geht es darum, eine Anlagestrategie für Sie zu finden, mit der Ihr Kapital wächst. Dafür nehmen Sie sich den Teil des Geldes vor, den Sie in den Aktienmarkt investieren wollen – bei einem ausgewogenen Risikotyp die Hälfte der Gesamtsumme, bei defensiven oder offensiven Varianten ein Viertel weniger oder mehr.

Im ersten Schritt benötigen Sie einen Ort, an dem Ihre Investitionen zukünftig lagern. Anlegerinnen und Anleger müssen zunächst ein Wertpapierdepot eröffnen, damit sie Fonds, Aktien, Anleihen oder andere Wertpapiere kaufen können. Meist wird das Depot bei einer Bank eröffnet, aber es geht auch bei einer Vielzahl von Onlinebrokern. Mit der Entscheidung für ein Depot legt man die künftigen Kosten für den Kauf, Verkauf und die Verwahrung der Wertpapiere fest.

Jedes Wertpapierdepot hat, wie ein Girokonto, eine eindeutige Identifikationsnummer, die Depotnummer – vergleichbar mit der Fahrzeug-Identifikationsnummer, die jedes Auto individuell kennzeichnet. Im Wertpapierdepot gibt es keinen Barbestand, Anlegerinnen und Anleger benötigen deshalb ein zusätzliches Verrechnungskonto für die Abwicklung von Wertpapiertransaktionen.

KOSTEN VERSUS BETREUUNG: Wer ein Depot bei einer Filialbank eröffnet, kann sich für alle Fragen an seinen Kundenbetreuer wenden. Bei den billigeren Depots von Direktbanken oder Onlinebrokern gibt es nur eingeschränkte oder keine Beratung. Die jährlichen Kosten für eine Anlage von etwa 100 000 Euro können zwischen 0 und 180 Euro schwanken. Die Gebühren hängen davon ab, wie viel Geld man anlegt und wie oft man handelt. Finanztest hat über 60 Depots überprüft – der Onlinerechner hilft bei der Auswahl. Alle Ergebnisse finden Sie unter test.de/depot.

Wenn das Depot eröffnet ist, können Sie es füllen. Die beste Grundlage für den Renditebaustein sind nach Ansicht von Finanztest die börsengehandelten Indexfonds, kurz ETF (Exchange Traded Funds).

ETF als Basis

ETF bilden immer die Kursentwicklung einer bestimmten Auswahl börsennotierter Unternehmen ab. Dafür werden sogenannte Indizes gespiegelt. Das geschieht, indem ein ETF-Anbieter die entsprechenden Aktien nachkauft oder sich deren Wertentwicklung über kompliziertere Finanzprodukte zusichern lässt.

Für Anleger und Anlegerinnen ist das simpel: Wird beispielsweise der Deutsche Aktienindex (DAX) nachgebildet, sind in dem ETF die 40 größten börsennotierten deutschen Konzerne enthalten, mit exakt der Gewichtung wie im Börsenindex selbst. Wenn Sie also abends vor der „Tagesschau" sehen, dass der Dax um 1 Prozent gestiegen oder gefallen ist, dann hat sich ein entsprechender ETF ganz genauso entwickelt.

PORTFOLIOTHEORIE: Die Funktionsweise der ETF geht zurück auf eine Theorie, die in den 1950er-Jahren von Harry Markowitz entwickelt wurde. Sie besagt, dass niemand am Finanzmarkt exklusive Informationen hat und deshalb bessere Entscheidungen als andere treffen kann. Und sie definiert, dass das Risiko durch viele verschiedene Aktien, die nicht miteinander in Beziehung stehen, minimiert wird. Ein ETF nur auf den deutschen Aktienmarkt ist somit riskanter als ein ETF auf einen weltweiten Aktienindex.

Doch warum sich auf 40 Unternehmen aus einem Land beschränken, wenn Sie sich mit ETF die ganze Welt ins Portfolio legen können? Finanztest empfiehlt grundsätzlich einen Welt-ETF als Basis, der beispielsweise den Index MSCI World abbildet. So gelingt Ihnen eine gute Risikostreuung bei gleichzeitig guten Renditechancen (siehe „Welt-Pantoffel", S. 51).

ETF sind ein vergleichsweise junges Anlageinstrument – 1990 wurde das erste Produkt in Kanada an die Börse gebracht, zu Beginn der 2000er-Jahre waren die ersten ETF in Deutschland handelbar. In den vergangenen Jahren ist sowohl die Anzahl der ETF als auch die in ihnen angelegte Gesamtsumme deutlich gestiegen.

Die Empfehlung von Finanztest ist klar: Wenn es um einen geeigneten Renditebaustein geht, sind ETF für Sie die beste Wahl. Aber hier ist die

Auswahl auf den ersten Blick erdrückend, da sich mehr als 2800 verschiedene Produkte im Angebot befinden. Dabei sind längst nicht alle ETF automatisch gut. Es gibt auch hier sehr spezielle, eng geschnittene Zusammenstellungen. Finanztest hat daher im Fondsfinder unter test.de/fonds das Label „1. Wahl" eingeführt. Alle ETF mit diesem Label können Sie bedenkenlos auswählen.

Doch keine Sorge: Sie müssen sich nicht in alle Unterkategorien eindenken und -lesen, wenn Sie daran kein Interesse haben. Das Prinzip des Pantoffel-Portfolios gibt es in einigen vorkonfigurierten Varianten, die auch für Anleger mit einem größeren Vermögen sehr sinnvoll sind. Das ermöglicht es Ihnen, unabhängig vom Risikotyp ein paar kleinere Schwerpunkte zu setzen.

Abgrenzung zu gemanagten Fonds

Die wachsende Popularität von ETF rührt auch daher, dass sie deutlich günstiger sind als aktiv gemanagte Fonds. ETF werden schließlich automatisiert bestückt und verändert: Wenn sich in dem einen Index die Zusammensetzung verschiebt, weil beispielsweise ein Unternehmen herausfliegt oder zu stark wächst, wird das in regelmäßigen Abständen angepasst.

Anders sieht es bei aktiv gemanagten Fonds aus. Dort arbeitet ein Team von Analysten und Fondsmanagern daran, die richtigen Einzeltitel zu kaufen und zu gewichten. Sie werben damit, Investmentperlen früher zu entdecken als der Laie. Oder sie versprechen, eine schlauere Mischung an Unternehmen in ihrem Fonds zusammenzustellen, als es eine Indexnachbildung kann.

Doch es gelingt den aktiv gemanagten Fonds in aller Regel nicht, eine bessere Rendite als ETF zu erreichen. Ein Finanztest-Vergleich zeigt, dass als gut eingestufte ETF über einen Zeitraum von zehn Jahren durchschnittlich ein Plus von 10,3 Prozent erwirtschaften. Aktiv gemanagte Fonds schafften im Schnitt nur 7,6 Prozent Zuwachs.

Dazu kommt, dass die Fondsmanager sich ihre Arbeit sehr gut bezahlen lassen. Das sorgt für deutlich höhere jährliche Gebühren bei den aktiv gemanagten Fonds – die schnell das fünf- oder sechsfache der Kosten von ETF betragen. Gerade über einen längeren Zeitraum zahlen Sie viel Geld an die Fondsverwalter. Zudem fällt beim Kauf aktiv gemanagter Fonds meist ein Ausgabeaufschlag von einigen wenigen Prozent an, die zusätzlich die Rendite schmälern. Bei börsengehandelten ETF entfällt diese Gebühr.

Ihr Bankberater oder Ihre Vermögensberaterin beharrt trotzdem darauf, dass Sie in einen gemanagten Fonds investieren sollten? Bleiben Sie skeptisch, denn häufig zahlen Fondsanbieter Provisionen an die Menschen, die ihre Produkte erfolgreich vermitteln. Daher erklärt sich auch das stete Beharren der Beraterin oder des Beraters.

Es gilt: Je länger Sie Geld anlegen, desto stärker wirken sich die jährlichen Verwaltungsgebühren aus. Die Beispielrechnung zeigt die Unterschiede in der Rendite bei einer Geldanlage ohne Gebühren, mit den Gebühren eines typischen ETF (0,3 Prozent) und mit den jährlichen Gebühren eines durchschnittlichen Fonds (1,8 Prozent) – bei einer angenommenen Rendite von 7 Prozent und ohne Berücksichtigung eines Ausgabeaufschlags.

Beispielrechnung: 100 000 Euro, Anlage über 20 Jahre

Ohne Gebühren: Gewinn von 289 968 Euro, Kosten: 0 Euro

0,3 Prozent: Gewinn von 264 553 Euro, Kosten: 12 238 Euro

1,8 Prozent: Gewinn von 170 453 Euro, Kosten: 61 548 Euro

Welt-Pantoffel

Die ganze Welt in einem Portfolio? Klingt größenwahnsinnig, ist aber das genaue Gegenteil. Diese Variante des Pantoffel-Portfolios kann allen Anlegern bedenkenlos empfohlen werden – und bietet einen einfachen Einstieg ins Investieren mit ETF. Immerhin vereint sie nahezu idealtypisch die klassischen Vorteile eines Indexfonds: eine hohe Anzahl an Positionen, die sich auf viele verschiedene Länder und Regionen verteilt.

Wer sein Vermögen global gestreut investieren will, landet schnell bei einem ETF auf den MSCI World, den gebräuchlichsten Weltaktienindex. Er repräsentiert große und mittelgroße Aktienunternehmen aus über 23 Industrieländern und deckt mit rund 1500 Titeln ungefähr 85 Prozent der westlichen Börsenmärkte ab – ein großer Schwerpunkt liegt auf Nordamerika, ein kleinerer auf Japan und Europa.

Der MSCI World hat sich in den vergangenen Jahrzehnten als verlässlicher Renditebringer erwiesen. Auf fünf Jahre betrachtet liegt das Wachstum aktuell bei 11,5 Prozent pro Jahr, auf 15 Jahre betrachtet bei 13 Prozent pro Jahr. Konkret: Wenn Sie vor zehn Jahren 200 000 Euro in ein ausgewogenes Pantoffel-Portfolio investiert hätten – die Hälfte davon also in einen Welt-ETF – hätte sich allein der Wert Ihres Renditebausteins von 100 000 Euro auf heute fast 300 000 Euro gesteigert.

Risikofrei sind ETF auf den MSCI World aber nicht: In weltweiten Wirtschaftskrisen – etwa durch die Dotcom-Krise Anfang der 2000er, die Finanzkrise 2008/2009, die Eurokrise um 2015 sowie die Corona-Pandemie – kann sich der Index nicht gegen den Trend stellen.

GESCHICHTE EINES KLASSIKERS: Der MSCI World wurde 1986 vom gleichnamigen amerikanischen Finanzdienstleister ins Leben gerufen. Der Anspruch: Die Aktienmärkte der damals wichtigsten Industrienationen zu bündeln. Rechnerischer Startpunkt des Index war der 31. Dezember 1969 mit dem Referenzwert von 100 Punkten.

Der MSCI World wird mehrfach im Jahr angepasst. Anlegern wird so die Arbeit abgenommen, die Veränderung von Indizes händisch zu erledigen. Seit 2019 ist etwa die Informationstechnologie das mit Abstand am stärksten vertretene Segment im MSCI World, zuvor war es für viele Jahre die Finanzbranche selbst. Wenn sich Technologien durchsetzen, sind sie nach einiger Zeit im MSCI World vertreten – und verdrängen andere, die ihren Zenit überschritten haben. Ein gutes Beispiel dafür ist der US-Autobauer Tesla, der mittlerweile Teil des Index ist.

Ein Nachteil besteht darin, dass die Streuung schmaler wird, wenn eine Branche oder Region die weltweite Wirtschaft dominiert. Fast 15 Prozent des MSCI World entfallen aktuell auf fünf große US-Tech-Firmen: Apple, Microsoft, Nvidia, Amazon sowie die Facebook-Muttergesellschaft Meta.

Neben dem ETF auf den MSCI World gibt es ähnliche global aufgestellte Indizes, die sich ebenfalls gut als Renditebaustein im Welt-Pantoffel nutzen lassen. Sie unterscheiden sich in ihrer Zusammensetzung und sind oft ein wenig breiter aufgestellt und etwas weniger US-lastig. Mehr als 9000 Aktien umfasst etwa ETF auf den MSCI All-Country World Investible Market Index (ACIW IMI), fast 50 Länder sind es im ETF auf den All-World-Index des Indexanbieters FTSE.

Meist sind diese Indizes um die sogenannten Schwellenländer erweitert, sie berücksichtigen also auch die Marktentwicklungen in Staaten wie China oder Indien. Zudem werden in einigen dieser Indizes im Unterschied zum MSCI World „Small Caps" berücksichtigt – das sind vergleichsweise kleine Unternehmen, die aber ebenfalls mehr als eine Milliarde Euro an der Börse wert sein können.

Hier können Sie also je nach Wunsch bereits erste kleine Akzente setzen, wenn es um die Anlage Ihres Vermögens geht. Darüber hinaus

Der MSCI World auf einen Blick

Die USA machen mit 72 Prozent den größten Anteil am MSCI World aus, gefolgt von Japan mit knapp 6 Prozent. Bei den Branchen dominiert der IT-Sektor mit rund 25 Prozent , gefolgt vom Finanzsektor mit 15 Prozent

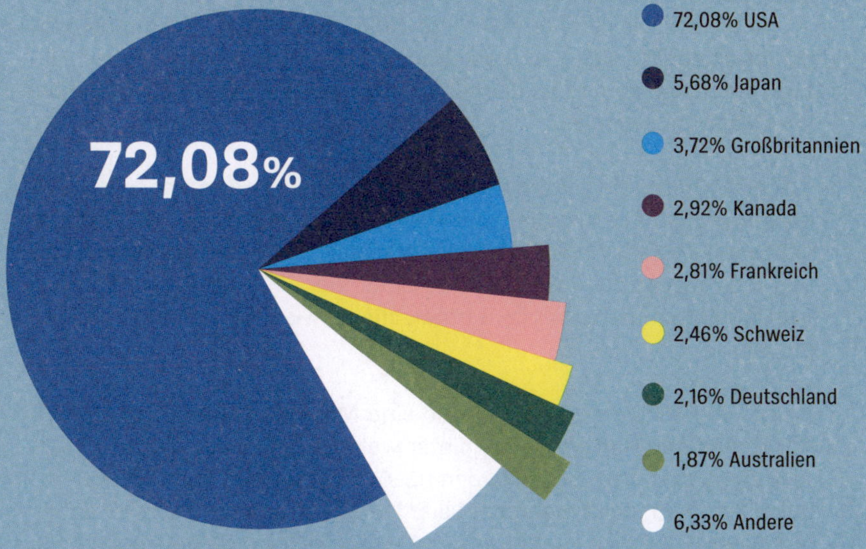

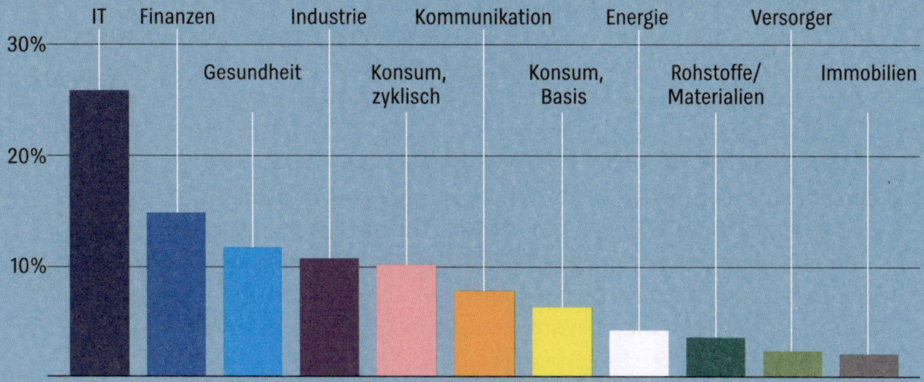

Quelle: MSCI, eigene Berechnungen; Stand: 30. Juni 2024

gelten für sie dieselben Vorteile wie für den MSCI World, den populärsten Vertreter dieser Anlageklasse.

Auswahl des Welt-ETF

Die Auswahl an Welt-ETF ist groß. Allein als Anlage auf den MSCI World gibt es in Deutschland in etwa zwei Dutzend verschiedene Angebote. In ihrer Zusammensetzung unterscheiden sich diese nicht – egal ob sie von Anbietern wie iShares, Xtrackers, HSBC oder Amundi stammen. Weil der Inhalt der ETF gleich ist, gestalten sich die Kursverläufe identisch. Einige Unterschiede gibt es dennoch – die nachfolgenden sollten Sie bei Ihrer Auswahl bedenken:

Kosten: Durch die automatisierte Zusammensetzung und die große Konkurrenz der ETF-Anbieter sind die Kosten insgesamt gering. Doch die jährlichen Kosten schwanken – bei populären Anbietern zwischen 0,10 und 0,5 Prozent des investierten Geldes. Bei einer Anlagesumme von 100 000 Euro macht das einen Unterschied zwischen 100 und 500 Euro pro Jahr.

Volumen: ETF auf den MSCI World sind Massenware. Bei den größten Angeboten der Marke iShares, hinter welcher der Finanzkonzern Blackrock steht, sind etwa 65 Milliarden US-Dollar angelegt. Auch andere Produkte kommen meist mehrere Milliarden Dollar oder Euro schwer daher. Auf die exakte Größe kommt es nicht an. Zu kleine Angebote sollten Sie aber meiden. Hier kann es in Krisensituationen schwieriger werden, sein Geld abzuziehen.

Thesaurierend oder ausschüttend: Auch ETF zahlen eine Dividende aus, also die Gewinnbeteiligung der im Index notierten Firmen. Meist wird dieses Geld viermal jährlich ausgeschüttet. In den vergangenen Jahren summierten sich die Zahlungen bei einem ETF auf den MSCI World auf etwas über 1,7 Prozent – bei 100 000 Euro Anlagekapital also 1700 Euro pro Jahr. Thesaurierende ETF legen diese Dividendenzahlung automatisch wieder in zusätzlichen Anteilen an – gut für den Zinseszinseffekt. Ausschüttende ETF hingegen überweisen diese Zahlung auf das Referenzkonto, Sie erhalten also jährlich ein Taschengeld. Auf jeden Euro über dem Freibetrag von 1000 Euro wird so allerdings direkt die Abgeltungssteuer erhoben. In den Informationsblättern der ETF ist angegeben, nach welchem Mechanismus das jeweilige Produkt funktioniert.

Indexnachbildung: In dieser Übersicht finden Sie die Information, wie ein ETF tatsächlich zusammengestellt ist. Man spricht von physischer Replikation, wenn der ETF-Anbieter wirklich alle im Index vertretenen Aktien gekauft hat. Bei einem MSCI World geht es um Hunderte Titel, daher ist die optimierte oder beispielhafte Nachbildung häufig. Hierbei kauft der Anbieter einen Teil der im Index vertretenen Aktien. Daneben gibt es die synthetische Replikation. In diesem Fall hält der ETF andere Wertpapiere, hat sich aber über Tauschgeschäfte (sogenannte Swaps) so abgesichert, dass er die Wertentwicklung des Index erhält. Der Tauschpartner kann theoretisch bankrottgehen – der Swap darf maximal 10 Prozent des Fondsvermögens betragen. Über dieses Verfahren lassen sich ETF schneller und günstiger erstellen. Mittlerweile sind viele Anbieter aber auf physische Replikation umgestiegen. Wem die Swap-Konstruktionen suspekt sind, der muss sie also nicht kaufen.

Auswahlhilfe: Wohin nun mit Ihrem Vermögen? Am Ende liegt die Entscheidung bei Ihnen. Selbst bei großen Summen machen Sie mit einem weltweit streuenden Aktien-ETF nichts verkehrt (zumal Sie sich im Pantoffel-Portfolio noch über den Sicherheitsbaustein schützen). Eine Auswahlhilfe bietet der Fondsfinder von Finanztest. In dieser Datenbank können Sie Tausende ETF und Fonds miteinander vergleichen. Für Einsteiger in jedem Fall geeignet sind die Produkte, die Sie über den Reiter „Weitere Filter“ finden. Wählen Sie dort im Menü „Finanztest-Anlagestrategie“ die Option „Pantoffel-Portfolio: Basisanlage“. Alle Welt-ETF die unsere Finanztest-Expertinnen und Experten empfehlen, haben wir als „1. Wahl“ ausgezeichnet. Eine Auswahl finden Sie auch im Anhang dieses Buches (siehe S. 157). Und so gelangen Sie zum Online-Fondsfinder: test.de/fonds.

Varianten

Ein global streuender Aktien-ETF bringt viele Vorteile – aber sagt trotzdem nicht jedem Anleger und jeder Anlegerin zu. Einige von ihnen sehen die Überrepräsentation des US-Marktes oder einiger Tech-Werte als Problem. Immer wieder gerät zum Beispiel der MSCI World in die Kritik, zu stark auf amerikanische Werte zu setzen. Ein plötzlicher politischer Umschwung oder ein Handelskrieg mit China könnte für eine deutliche Abkühlung sorgen.

Anderen Anlegern fehlt bei den global angelegten Aktien-ETF wie dem MSCI World die Vielfalt – letztlich schließen viele dieser Produkte wirtschaftlich weniger entwickelte Länder oder kleinere Firmen aus, obwohl manche Menschen gerade hier großes Wachstumspotenzial sehen. Und schließlich wollen manche Anleger eigene Schwerpunkte setzen. Gerade mit einer größeren Summe lässt sich ein Zeichen setzen – ohne automatisch auf Rendite zu verzichten.

Orientieren Sie sich aber an Ihrem grundsätzlichen Risikotyp. Bei einem ausgewogenen Pantoffel-Portfolio fließen also 50 Prozent der Gesamtsumme in Aktien-ETF. Der Großteil des Risikobausteins sollte weiterhin ein Welt-ETF ausmachen. Die Beimischungen sollten nicht mehr als 20 Prozent ausmachen.

Ein Beispiel für die Aufteilung: Sie legen 100 000 Euro in der ausgewogenen Variante an. Dann landen davon 50 000 Euro in Ihrem Renditebaustein. Wenn Sie dem MSCI World ETF noch einen Dax-ETF und einen Schwellenländer-ETF beimischen wollen, investieren Sie somit also 40 000 Euro in den MSCI World ETF, 5000 Euro in den Dax-ETF und weitere 5000 Euro in einen MSCI World EM (Emerging Markets).

Bei allen Möglichkeiten, die Beimischungen bieten, sollten Sie diese vier Punkte im Blick behalten:

Aufwand scheuen: Das Pantoffel-Portfolio ist speziell für Anfänger geeignet, die sich wenig um ihr Vermögen kümmern wollen. Die grundsätzliche Variante erfordert sehr wenig Aufwand bei der Auswahl und der jährlichen Überprüfung der Anlage. Investieren Sie in mehrere ETF, erhöht sich jedoch der Aufwand.

Zusammensetzung streuen: Der Renditebaustein bietet eine gute Balance zwischen Ertragsmöglichkeit und Sicherheit. Daher ist es besser, wenn alternative Anlagen ebenfalls eine gewisse Breite in der Zusammensetzung mit sich bringen – und nicht nur aus Werten oder Vertretern einer kleineren Volkswirtschaft stammen. Ein kleines Portfolio birgt ein höheres Risiko für starke Schwankungen.

Kosten gering halten: Achten Sie darauf, dass die Kosten gering bleiben. ETF sind dafür grundsätzlich ein geeignetes Instrument. Doch die jährlichen Gebühren unterscheiden sich hier ebenfalls. Eine grobe Faustregel: Je spezieller ein Anlageinstrument ausgerichtet ist, desto höher sind meist die Kosten. Wenn Sie Ihr Vermögen auf zwei oder mehr ETF verteilen, sollten Sie jeweils mindestens 20 000 Euro anlegen. Ansonsten steigt die Kostenbelastung zu stark, weil es häufig Mindestgebühren bei Orders gibt.

Dopplungen beachten: Populäre oder große Indizes enthalten häufig ähnliche Unternehmen – bedenken Sie das, wenn Sie wirkliche Alternativen suchen. So ist beispielsweise Microsoft eine sehr große Position im MSCI World, ähnlich stark aber auch in nachhaltig ausgerichteten Indizes zu finden.

Nachhaltiger Welt-Pantoffel

Zunehmend an Bedeutung gewinnen nachhaltige Anlagemöglichkeiten. Dahinter steckt das Ziel, Geld so anzulegen, dass es zumindest einige der 17 Nachhaltigkeitsziele der Vereinten Nationen fördert. Diese reichen vom Kampf gegen Armut über die Geschlechtergerechtigkeit bis zum Klimaschutz. „Grüne Geldanlagen" sind diese Art von Investments, also eine Förderung umweltfreundlich ausgerichteter Unternehmungen.

Nachhaltige Investments zu finden, ist nicht schwer. Zwei Kürzel helfen bei der Suche nach einer entsprechenden Anlage (darüber hinaus gibt es weitere Angebote): zum einen ESG (Environmental Social Governance), das für die englische Version der Begriffe Umwelt, Soziales und Unternehmensführung steht. Zum anderen SRI (Socially Responsible Investments), dahinter verbergen sich sozial verantwortliche Investments.

Das Problem: Eindeutige Definitionen, ab wann eine Anlage als nachhaltig gelten darf, gibt es nicht. Wenn Sie es ernst meinen, müssen Sie also tiefer in die Produktinformationsblätter einsteigen und die Daten mit Ihren Ansprüchen abgleichen: Führt ein ETF vielleicht einen Energiekonzern, der zunehmend in Photovoltaik & Co. investiert – aber zugleich viel Geld mit Öl verdient? Oder ist dort ein Autohersteller vertreten, der erfolgreich Elektroautos baut – beim Abbau der Rohstoffe aber nicht allzu genau auf die Arbeitsbedingungen schaut?

Über die kommenden Jahre dürfte die Auswahl einfacher werden. Das Gesetzespaket der „EU-Taxonomie" sieht vor, dass klarere Regeln dafür gelten, ab wann ein Investment als ökologisch nachhaltig eingestuft werden darf. Das soll das „Greenwashing" verhindern: Anlagen, die auf den ersten Blick „grün" wirken, es aber tatsächlich nicht sind. So soll das Vertrauen der Verbraucher in solche Finanzprodukte gestärkt werden.

FINANZTEST NACHHALTIGKEITSBEWERTUNG: Für den Fondsfinder hat Finanztest über 500 ETF und Fonds detailliert auf Nachhaltigkeitsbemühungen überprüft. Die Bewertung reicht dabei von fünf Punkten (sehr hoher Nachhaltigkeitsgrad) bis zu einem Punkt.

Nachhaltiges Investieren und eine verlässliche Rendite – wie im Pantoffel-Portfolio angestrebt – schließen sich nicht automatisch aus. Der MSCI World SRI beispielsweise, der über 400 verschiedene Unternehmen repräsentiert, entwickelte sich über viele Jahre hinweg etwas besser als sein großer Bruder, der MSCI World. Damit hätte diese nachhaltigere Variante in allen Risikoversionen des Pantoffel-Portfolios für stärkere Zuwächse gesorgt. Erst der russische Überfall auf die Ukraine und der Anstieg der Öl- und Gaspreise seit 2022 brach mit diesem Trend.

Varianten für erfahrene Anleger

Sie haben Spaß daran, sich intensiver mit Ihrem Vermögen auseinanderzusetzen? Das Baukastenprinzip des Pantoffel-Portfolios macht es Ihnen einfach, stärkere Anlageschwerpunkte zu setzen – ohne ein Studium der Finanzmathematik abgeschlossen haben zu müssen.

Grundlage eines variantenreicheren Renditebausteins sind in diesen Fällen einmal mehr ETF. Nur wählen Sie börsengehandelte Indexfonds aus, die spezielleren Indizes folgen. Sind Sie vielleicht davon überzeugt, dass der deutschen Wirtschaft, die in diesen Zeiten immer wieder totgesagt wird, ein großes Comeback bevorsteht? Oder glauben Sie, dass die sogenannten Schwellenländer sich in den kommenden Jahren deutlich besser entwickeln als die Industrienationen? Mischen Sie mit wenigen Schritten einen entsprechenden Indexfonds bei.

Zwei Dinge bleiben dabei gleich: einerseits der Sicherheitsbaustein, der für die Stabilität in Ihrem Portfolio sorgt, andererseits die Auswahl eines von drei Risikotypen. Hier gilt weiterhin: Wenn Sie von einem Thema grundsätzlich überzeugt sind, ist eine ausgewogene Variante passend. Wollen Sie sich vorsichtig an einen Schwerpunkt herantasten, wählen Sie die defensive Variante, bei vollem Optimismus die offensive Variante.

Da ETF täglich handelbar sind, können Sie die Schwerpunkte nachträglich jederzeit hoch- oder herunterfahren. Der MSCI World bleibt dabei in vielen Varianten eine sinnvolle Beimischung, da er grundsätzlich eine globale Verteilung – und damit auch Sicherheit – bietet.

Viele Varianten entwickelten sich über viele Jahre relativ ähnlich. Die Unsicherheiten der vergangenen Jahre, beeinflusst etwa durch die Corona-Pandemie und den russischen Angriffskrieg auf die Ukraine, haben die Kurse jedoch in unterschiedliche Richtungen geschickt. Daher kommt es gerade aktuell verstärkter als früher darauf an, welche Entwicklung der Weltwirtschaft Sie erwarten.

Die folgenden Seiten zeigen Ihnen die Zusammensetzungen und Baupläne für einige häufig nachgefragte Portfoliomischungen, die in der Vergangenheit eine solide Balance zwischen Werterhalt und Vermögenszuwachs geboten haben. Konkrete ETF, die von Finanztest als „1. Wahl" bewertet werden, finden Sie in der Tabelle im Anhang auf Seite 157.

Tiger-Pantoffel

Der Name des MSCI „World" kann täuschen. Nicht vertreten sind in diesem Index die Schwellenländer, im Englischen als „emerging markets" (aufstrebende Märkte) bezeichnet. Dazu zählen etwa Länder wie China, Indien, Taiwan, Südkorea oder Brasilien – also unter anderem die einwohnerstärksten Länder der Erde. Diese Staaten befinden sie sich auf einer wirtschaftlichen Aufholjagd, die aber immer wieder durch politische oder geopolitische Verwerfungen unterbrochen werden kann.

Ein passendes Bild ist daher der Vergleich mit dem Tiger: Das Raubtier verfügt über gewaltige Kräfte, setzt immer wieder zum großen Sprung an – versteckt sich aber auch für einige Zeit im undurchsichtigen Dschungel.

Beim Tiger-Pantoffel verteilen Sie Ihren Renditebaustein auf zwei ETF. Neben dem global streuenden MSCI World beispielsweise auf den ebenfalls breit aufgestellten MSCI Emerging Markets. In dem sind über 1400 Positionen von großen und mittelgroßen Unternehmen aus insgesamt 24 Ländern vertreten. Firmen aus den Bereichen der Informationstechnologie und Finanzdienstleistungen repräsentieren 45 Prozent des Index. Fast ein Viertel des Volumens entfällt auf Aktien aus China. Der Chiphersteller TSMC aus Taiwan nimmt die größte Position innerhalb des MSCI Emerging Markets ein.

Russland war ebenfalls mit wenigen Prozentpunkten vertreten – alle russischen Unternehmen wurden jedoch nach dem Beginn des Angriffskrieges auf die Ukraine aus dem Index geworfen.

Europa-Pantoffel

Diese Variante Ihres Pantoffel-Portfolios setzt einen Schwerpunkt auf Ihre Heimatregion. Das ist insbesondere für Anleger sinnvoll, denen das nordamerikanische Schwergewicht des MSCI World ein wenig Unbehagen verursacht – und die gleichzeitig vom wirtschaftlichen Potenzial Europas überzeugt sind.

Dann gibt es zwei grundsätzliche Herangehensweisen. Finanztest empfiehlt: Entweder setzen Sie voll auf Europa und setzen in Ihrem gesamten Renditebaustein auf einen entsprechenden ETF – das ist der

„Große Europa-Pantoffel". Der birgt das Risiko, dass Ihr Geld stark auf nur einen Wirtschaftsraum konzentriert ist. Eine neue Eurokrise oder wirtschaftliche Verwerfungen in einzelnen großen europäischen Staaten haben starken Einfluss auf die Wertentwicklung. Oder Sie setzen auf den „Kleinen Europa-Pantoffel". Dann liegt ein Großteil des Renditebausteins in einem Welt-ETF und der Europa-Schwerpunkt wird in kleinerem Ausmaß beigemischt.

Beachten Sie: Die Streuung der Geldanlage ist in der „kleinen" Variante immer größer als in der „großen" Variante – weil der MSCI World eine globale Streuung mit über 1400 Positionen mitbringt.

Unabhängig von dem Weg, für den Sie sich entscheiden, gibt es zwei sinnvolle Indizes, um den europäischen Markt abzubilden. Das ist einmal der MSCI Europa, der aktuell die Positionen von knapp 420 Aktienunternehmen aus 15 Ländern repräsentiert. Finanzdienstleistungen, Industrieunternehmen und der Gesundheitssektor stehen gemeinsam für knapp 50 Prozent des Index. Die größte Einzelposition ist aktuell die dänische Pharmafirma Novo Nordisk, dahinter folgen der Chipmaschinen-Hersteller ASML, der Nahrungsmittelkonzern Nestlé und der Arzneimittelhersteller Astra-Zeneca.

Eine Alternative zum MSCI-Index bietet der Stoxx 600 Europe. Der enthält auf der einen Seite fast 50 Prozent mehr Unternehmen, auf der anderen Seite sind diese stärker verteilt: Je 200 Aktienpositionen entfallen auf große, mittlere und kleine Unternehmen aus europäischen Industrieländern. Die Zusammensetzung der wichtigsten Länder und Unternehmen sind in beiden Indizes ähnlich, weil die Auswahl durch die Marktkapitalisierung, also den Börsenwert, bestimmt wird.

Deutschland-Pantoffel

Die Bundesrepublik ist – trotz aktueller Schwächephase – die drittgrößte Volkswirtschaft der Welt, hinter den USA und China und ganz knapp vor Japan. Doch in den weltweiten Indizes ist Deutschland nur marginal vertreten, im MSCI World etwa mit mageren 2,3 Prozent. Wieso? Es gibt in Deutschland zwar viele international führende Unternehmen. Diese befinden sich aber häufig in Familienhand und sind nicht an der Börse handelbar. Prominente Beispiele sind etwa Handelskonzerne wie Aldi oder Lidl oder der Automobilzulieferer Bosch.

Wollen Sie dennoch einen größeren Anteil Ihres Vermögens in deutsche Unternehmenswerte investieren, stellt der Deutschland-Pantoffel für Sie eine geeignete Variante dar. Auch hier gibt es zwei Indizes, denen Sie mit ETF folgen können. Die meisten auf Deutschland fokussierten Indexfonds folgen dem Deutschen Aktienindex (Dax), in dem 40 Unternehmen mit Sitz in Deutschland vertreten sind. Die Auswahl erfolgt nach der Marktkapitalisierung und den Börsenumsätzen – nur viel gehandelte Aktien schaffen es in den Dax. Viermal im Jahr wird der Index überprüft und bei Bedarf aktualisiert.

Eine Alternative, für die es nur einen einzigen ETF gibt, ist der FAZ-Index, der vor dem Start des Dax von der „Frankfurter Allgemeinen Zeitung" ins Leben gerufen wurde. Er verfolgt die Preisentwicklung der Aktien von insgesamt 100 Unternehmen. Damit sind in ihm mittelgroße deutsche Firmen ebenfalls abgedeckt.

Insgesamt verbinden sich drei Risiken mit einem ETF auf den deutschen Aktienmarkt: Erstens der reine Fokus auf ein Land – und damit auf das Wohl und Weh einer einzigen Volkswirtschaft. Zweitens die insgesamt geringe Auswahl von Unternehmen; im MSCI World sind 35 Mal so viele Firmen repräsentiert wie im Dax. Denn: über 14 Prozent des Marktvolumens des Dax macht allein der Softwarekonzern SAP aus. Mehr als ein 15-prozentiges Volumen darf kein Einzelwert einnehmen. Drittens gehören mehr als ein Drittel der Dax-Unternehmen der Pharma- und Chemiebranche beziehungsweise der Automobilindustrie an. Alle drei Punkte widersprechen der Portfolio-Theorie von Markowitz. Finanztest empfiehlt daher – wie schon bei den Schwellenländern – eine behutsame Beimischung deutscher Bestandteile.

Absicherung des Renditebausteins

Der Wert Ihres Renditebausteins schwankt mit den Börsenkursen, doch grundsätzlich ist Ihr Geld sicher. Denn Fonds, zu denen börsengehandelte Indexfonds zählen, gelten als „geschütztes Sondervermögen". Das bedeutet, dass ETF-Anbieter die Indexfonds verkaufen, die Wertpapiere selbst aber bei Depotbanken liegen. Ihre ETF dürfen nur verwahrt, nicht aber verwendet werden.

Für den seltenen Fall, dass ein Anbieter oder eine Depotbank also in die Insolvenz rutscht, wird bildlich gesprochen zwar Ihr Tresorfach für die Wertpapiere geschlossen werden, der Inhalt gehört aber immer noch Ihnen. Im Ernstfall kann es dazu kommen, dass Sie für einige Zeit Ihre Anteile nicht verkaufen können, was natürlich ärgerlich ist, wenn Sie gerade zu diesem Zeitpunkt dringend liquide Mittel benötigen. Aber verloren sind Ihre ETF-Anteile (und deren Wertentwicklung) nicht.

Aus Sicherheitsgründen spricht daher nichts dagegen, Ihren Renditebaustein mit einem einzigen ETF zu bilden. Das minimiert in jedem Fall die Auswahl und die Pflege des Pantoffel-Portfolios. Für besonders große Vermögen rät Finanztest jedoch, das Kapital aufzuteilen. Als grobe Faustregel kann eine Summe von maximal 100 000 Euro pro ETF dienen.

Damit schützen sich Anleger vor steuerlichen Auswirkungen bei einer sogenannten Fondsverschmelzung. Regelmäßig sortieren ETF-Anbieter ihre Portfolios, indem sie den Sitz beispielsweise aus steuerlichen Gründen von einem Land in ein anderes umziehen (dann ändern sich die ersten beiden Buchstaben der zwölfstelligen Wertpapierkennnummer WKN). Selten zwar, aber manchmal ändert sich sogar die Zusammensetzung der ETF – worüber Ihre Bank Sie informieren muss. Fragen Sie nach, wenn Sie die Informationen und mögliche Folgen nicht verstehen.

Die Verschmelzung kann zum einen dazu führen, dass für einige Tage kein Handel möglich ist. Zum anderen werden bis zur Verschmelzung aufgelaufene Gewinne steuerpflichtig, sobald der Freibetrag nicht mehr ausreicht. Setzen Sie auf mehr als einen ETF, erhöht sich zwar statistisch das Risiko, dass Sie von einer Verschmelzung betroffen sind – die Folgen bei einer Stückelung Ihres Vermögens sind jedoch geringer.

Sicherheitsbaustein

Zinsanlagen bringen Stabilität in Ihr Pantoffel-Portfolio. Im Moment ist es möglich, sogar mit diesem Baustein den Inflationsverlust zu schlagen – wenn Sie dranbleiben.

Der Sicherheitsbaustein schützt Sie vor einem Verfall Ihres Vermögens. Denn immer noch geht es um den Traum, sich um Geld heute eben keine (oder wahrscheinlicher: kaum) Gedanken machen zu müssen und morgen oder übermorgen dennoch auf einen angewachsenen Kapitalstock blicken und zurückgreifen zu können.

Der Sicherheitsbaustein puffert Ihr Vermögen gegen Abweichungen nach unten ab. Um dieses Ziel zu erreichen, sind Zinsanlagen das einfachste Instrument. So bezeichnet man alle Anlagemöglichkeiten, die nach einem simplen Geschäftsmodell funktionieren: Sie stellen einer Institution – meist einer Bank – Ihr Geld zeitweise zur Verfügung. Diese zahlt Ihnen für diesen Zeitraum im Gegenzug Zinsen. Die sind bildlich gesprochen eine Art Miete für die Zeit, in der die Bank mit dem Geld arbeiten darf (sie verleiht es beispielsweise zu höheren Sätzen an Hauskäufer, die Spanne dazwischen bildet den Profit der Finanzhäuser).

Die Höhe der Zinsen, die Sie erhalten, schwankt. Das wichtigste Kriterium ist der Leitzins der Europäischen Zentralbank; genauer gesagt, der Zinssatz für die sogenannte Einlagenfazilität. Dieser gibt vor, wie viel Zinsen Banken erhalten, wenn diese ihr Geld kurzfristig bei der Zentralbank parken. Von 2012 bis 2022 lag dieser Wert bei null Prozent oder sogar darunter, die Banken mussten also für jeden Euro, den sie bei der EZB anlegten, ein paar Cent bezahlen. Seit 2022 hat sich das gedreht – und Banken erhalten jetzt wieder über 3 Prozent Zinsen.

Dadurch haben die Finanzinstitute mehr Spielraum, um ihrerseits Zinsen auf die Einlagen ihrer Kunden zu zahlen. Einfach gesagt: Der Sicherheitsbaustein kann jetzt sogar etwas Rendite abwerfen, geschmälert natürlich durch die Inflation. Bedenken Sie dabei jedoch, dass die Leitzinsen auch wieder gesenkt werden können – und werden. Im Laufe des Jahres 2024 hat es bereits erste Leitzinssenkungen gegeben. Die Hauptaufgabe des Sicherheitsbausteins bleibt, dass Sie niemals eine geringere Summe ausgezahlt bekommen, als Sie angelegt haben. Dafür gibt es im deutschen und europäischen Finanzsystem einige Mechanismen.

GESETZLICHE EINLAGENSICHERUNG: Für Einlagen bei EU-Banken wird pro Bank und pro Sparer eine Summe von 100 000 Euro garantiert. Sie zählt pro Finanzinstitut, aber jeweils für alle dort vorhandenen Konten insgesamt. Ein Erbe, der Kauferlös einer Immobilie oder die Auszahlung einer Lebensversicherung gelten als „besonders schutzwürdige Einlage“ und sind bis 500 000 Euro abgesichert. Bei einer Bankenpleite sollten Sie innerhalb von sieben Arbeitstagen Ihr Geld zurückerhalten – ob das bei Auslandsbanken im Ernstfall gelingt, ist ungewiss (siehe S. 64).

Tagesgeld

Drei spezifische Zinsanlagen sind besonders gut als Sicherheitsbaustein geeignet: Tagesgeld, Festgeld und Renten-ETF. Tagesgeld ist so etwas wie der Kurzzeitparkplatz für Ihr Kapital. Es eignet sich für Kunden, die eine konservative, sichere Anlage für den Erhalt ihres Vermögens suchen, mit höheren Zinsen als beim klassischen Sparbuch. Damit ist dieses Instrument gut geeignet, um als Sicherheitsbaustein zu dienen.

Einlagensicherung in Europa

Für Banken mit Sitz in der Europäischen Union (EU) sowie in Norwegen, Großbritannien und die Schweiz gilt ein gesetzlicher Schutz für Spargeld in Höhe von 100 000 Euro pro Anleger und Bank. Trotzdem empfehlen die Finanzexperten der Stiftung Warentest nur Banken, die ihren Sitz in den hellblau markierten, wirtschaftsstarken Ländern auf unserer Landkarte haben.

Quelle: Stiftung Warentest

Die Vorteile aus Kundensicht: Sie können jederzeit Geld einzahlen, jederzeit Geld wieder abheben – ohne dass dafür Kosten anfallen. Allerdings geht das nicht direkt am Geldautomaten, sondern nur über einen Zwischenschritt, der schon einmal einen Arbeitstag in Anspruch nehmen kann. Denn jedes Tagesgeldkonto ist mit einem sogenannten Referenzkonto verbunden, einem ganz gewöhnlichen Girokonto. Von dort lässt sich die gewünschte Summe dann auszahlen.

Der Nachteil: Die Höhe der Zinsen ist nicht fix. Banken sind in der Lage, den angebotenen Zins jederzeit zu verändern. Und das tun sie gern: Gerade in den vergangenen zwei Jahren überboten sich viele Finanzinstitute zunächst mit Lockangeboten. Ebenso fix leiteten sie aber auch wieder die Zinsrolle rückwärts ein, manchmal mit nur wenigen Tagen oder Wochen Vorlauf. Dennoch: Im Sommer 2024 zahlten die Top-20-Tagesgeldkonten im Durchschnitt 3,19 Prozent. Ähnlich hoch war das Zinsniveau zuletzt 2009.

Die Auswahl an Tagesgeldangeboten ist sehr groß, weil viele Banken sie als Köder nutzen, um Kunden für sich zu gewinnen. Europaweit finden sich Hunderte verschiedene Möglichkeiten – in vielen Fällen lassen sich die Konten durch Video-Ident-Verfahren in wenigen Minuten mit dem Smartphone von der Couch aus eröffnen. Neben deutschen Banken lässt sich das Geld problemlos etwa in Frankreich, Österreich oder Schweden parken.

Die goldene Finanzfaustregel: Sind Angebote außergewöhnlich gut, versteckt sich meist ein Haken. Vielleicht stammt es von einer Bank aus einem sehr kleinen Land, sodass die staatliche Einlagensicherung an ihre Grenzen stoßen könnte (siehe S. 64). Oder es stammt von einem Institut mit zweifelhafter Bonität. Finanztest empfiehlt, sich auf Tagesgeld aus den wirtschaftsstarken EU-Ländern plus Norwegen und Großbritannien zu konzentrieren. Dies gilt für alle Finanztest-Empfehlungen, die wir unter test.de/tagesgeld aufgelistet haben.

Zu den Vorsichtsmaßnahmen für Ihr Vermögen zählt zudem, sich einen Überblick über die wichtigsten Kontobedingungen zu verschaffen. Insgesamt ist Tagesgeld ein einfach gestricktes Finanzinstrument. Doch ein paar Kriterien sollten Sie im Blick behalten. Besonders dann, wenn Sie größere Summen anlegen wollen.

Laufzeit: Manche Banken bieten Neukunden einen attraktiven Zinssatz, begrenzen diesen aber von vornherein auf einen bestimmten Zeitraum, etwa ein halbes Jahr. Dann fällt der Zinssatz oft rapide ab. Das Kalkül der Banken: Viele Kunden sind zu träge, um nach kurzer Zeit schon wieder die Bank zu wechseln – und lassen ihr Kapital zu schmaleren Konditionen liegen. Überlegen Sie, wie viel Elan Sie haben. Und schreiben Sie sich gegebenenfalls eine Erinnerung in den Kalender, um nach Ablauf der Sonderkonditionen wieder zu wechseln.

Höchst- oder Mindestgrenzen: Hohe Zinsen auf wenig Geld – ebenfalls ein Lockangebot einiger Banken. Attraktive Zinszahlungen gibt es etwa nur auf die ersten 50 000 Euro, danach schrumpft der Zinssatz zusammen. Bei hohen fünf- oder sechsstelligen Summen steht am Ende ein unterdurchschnittlicher Zinssatz. Seltener sind Mindestsummen, die erreicht werden müssen, damit besonders gute Zinsen fällig werden.

Häufigkeit der Zinszahlungen: Der annoncierte Zinssatz ist immer auf ein ganzes Jahr berechnet. Einige Banken zahlen Zinsen nur jährlich, andere vierteljährlich oder monatlich. Je länger Sie Ihr Geld anlegen, desto besser ist eine häufigere Auszahlung und (automatische) Wiederanlage auf dem Tagesgeldkonto. So profitieren Sie vom Zinseszinseffekt.

Rechnung: 100 000 Euro bei 3 Prozent Zinsen p. a.

Jährliche Zinszahlung: 103 000 Euro nach einem Jahr

Monatliche Zinszahlung: 103 041,59 Euro nach einem Jahr

Die Kapitalertragssteuer wird jeweils noch abgezogen.

Neukundenfokus: Den Trick haben sich die Banken von Mobilfunkanbietern abgeschaut: Bestandskunden erhalten häufig schlechtere Konditionen als Neukunden. In vielen Fällen gibt es Mindestzeitspannen, in denen man nicht mehr als Neukunde gilt – also selbst eifrige Wechsler in die Röhre gucken.

Das Tagesgeldkonto benötigt also von Zeit zu Zeit ein wenig Aufmerksamkeit von Ihnen. Finanztest bietet eine ausführliche und regelmäßig aktualisierte Übersicht über zahlreiche als zuverlässig eingestufte Anbieter – mit Filtermöglichkeiten nach Anlagebeträgen oder Arten der Einlagensicherung.

Die Zinsbedingungen für Tagesgeld ändern sich dabei laufend. Finanztest aktualisiert monatlich die Daten von mehr als 100 Anbietern. Alle Details finden Sie online in unserer stets aktuellen Übersicht unter test.de/Tagesgeld.

Festgeld

Tagesgeld ist der Kurzzeitparkplatz für Ihr Kapital, Festgeld die Garage. Hier lässt sich Geld für einen klar definierten Zeitraum parken – ohne ständig nach dem Rechten sehen zu müssen. Der Name ist Programm: Sie legen Ihr Geld für eine bestimmte Dauer fest an. Es gibt keine Möglichkeit, zwischendurch oder frühzeitig an Ihr Vermögen zu kommen. Banken wiederum verpflichten sich, Ihnen für den festgelegten Zeitraum, bis zu zehn Jahre, einen verlässlichen jährlichen Zins zu zahlen. Beim Thema Sicherheit gelten wie beim Tagesgeld die gleichen Bedingungen der nationalen und europäischen Einlagensicherungssysteme.

Damit ist Festgeld besonders für den Teil des Sicherheitsbausteins passend, den Sie mit sehr hoher Wahrscheinlichkeit für einige Jahre nicht benötigen. Zunächst sollte der Notfallfonds für kurzfristige überraschende Ausgaben gut gefüllt sein. Für den übrig bleibenden Teil des Kapitals sind Festgelder ein verlässliches Instrument, um Ihr Geld sicher anzulegen.

Achten Sie darauf, wie gut die Bonität (Zahlungsfähigkeit) der Banken oder deren Heimatländer ist – und wie viel Geld im Ernstfall über die jeweiligen nationalen Einlagensicherungen abgedeckt ist. Ergänzend:

Zinszahlung: Wenn Sie Ihr Geld für mehrere Jahre anlegen, sollte trotzdem jedes Jahr eine Zinszahlung erfolgen, nicht als einmalige Summe am Laufzeitende. Der jährliche Betrag wird entweder auf Ihr Referenzkonto ausgezahlt oder dem Anlagekonto gutgeschrieben. Im zweiten Fall profitieren Sie vom Zinseszinseffekt.

Steuerpflicht: Eine jährliche Zinszahlung wird auch jährlich besteuert. Das ist für die meisten vorteilhafter: Bei Zahlung am Ende der Laufzeit wird der Sparerfreibetrag von 1000 Euro pro Jahr (2000 Euro bei Ehepaaren) schnell überschritten und Sie zahlen mehr Kapitalertragssteuer.

Kündigungsmodalität: Bei manchen Anbietern droht die Abofalle, da einige Banken Festgelder automatisch um die ursprüngliche Laufzeit verlängern, wenn Sie Ihre Anlage nicht fristgerecht kündigen. Dieser Verlängerung sollten Sie vor der Anlage widersprechen oder ein anderes Angebot auswählen.

Die Auswahl an Festgeldangeboten ist sehr groß. Vergleichsportale im Internet helfen auch hier, sich einen Überblick über die europaweiten Angebote zu verschaffen. Grundsätzlich gilt: Mit dem Ansteigen der EZB-

Leitzinssätze haben sich auch die Bedingungen für Festgeld wieder deutlich verbessert. Im Sommer 2024 lagen die Angebote der Finanztest-Top-10-Festgelder mit einem oder mehr Jahren Laufzeit allesamt über 3,2 Prozent pro Jahr.

Das dynamische Zinsumfeld sorgt dafür, dass es schwieriger ist, einen optimalen Zeitraum für Ihre Anlage zu wählen. Eigentlich gilt: Je länger Geld festgelegt wird, desto höher die Zinsen. Aktuell verhält sich das nicht so – Experten sprechen von einer „inversen Zinskurve".

Das bedeutet für Sie: Wenn Sie den Sorglos-Aspekt bevorzugen, können längerfristige Anlagen von fünf oder sogar mehr Jahren für Sie passen – Zins- und Inflationsszenarien lassen sich unmöglich so weit vorhersehen. Wenn Ihnen hingegen wichtig ist, auf diese Veränderungen regelmäßig reagieren zu können, sind kürzere Laufzeiten besser für Sie. Unter einem Jahr Laufzeit sind Tagesgeldangebote vorzuziehen, weil sie eine größere Flexibilität zu vergleichbaren Konditionen bieten.

Eine hilfreiche Strategie bei größeren Vermögen, um Sicherheit und Flexibilität zu kombinieren, ist die sogenannte Zinstreppe. Dabei legen Sie Ihren Sicherheitsbaustein (oder Teile davon) gestaffelt an. Das Spargeld wird zu gleichen Teilen auf Festgeldkonten mit unterschiedlichen Laufzeiten von beispielsweise ein, drei oder fünf Jahren angelegt.

Nach einem Jahr läuft dann das erste Festgeld bereits wieder aus. Diese Teilsumme können Sie zu den dann herrschenden Konditionen erneut anlegen. Im übernächsten Jahr passiert das Gleiche mit dem auf drei Jahre angelegten Festgeld – und so weiter.

SICHER UND GRÜN: Auch ethisch orientierte Banken bieten Zinsen für Tages- und Festgeld an. Sie meiden Geschäfte mit fossilen Energien, vergeben keine Kredite an Unternehmen mit prekären Arbeitsbedingungen und investieren nicht in Atomkraft. Die genauen Kriterien variieren stark. Im Juni 2023 hat Finanztest 16 nachhaltige Banken untersucht. Alle Details auf test.de, Stichwort Nachhaltige Banken.

Renten-ETF

Eine Alternative für den Sicherheitsbaustein sind sogenannte Anleihen-ETF, auch Renten-ETF genannt. Staaten und Unternehmen leihen sich Geld von Anlegern. Dafür geben sie Anleihen zu einem bestimmten Nennwert heraus und garantieren eine jährliche Zinszahlung, den sogenannten Kupon. Am Ende der Laufzeit wird der gesamte Anlagebetrag zurückgezahlt. Anleihen-ETF gehören ebenso wie ETF zum Sondervermögen und gehören auch im Falle einer Insolvenz Ihrer Depotbank weiterhin Ihnen.

Anleihen-ETF haben den Vorteil, dass sie zu geringen Kosten handelbar sind. Entscheidend ist aber, wie zuverlässig und finanzstark die Herausgeber der Anleihe sind. Eine hohe Sicherheit bieten Staatsanleihen von Ländern oder Unternehmen mit einer sehr guten Bonität, die von Ratingagenturen bestätigt ist – etwa Euro-Rentenfonds, die Anleihen von Staaten wie Deutschland, Frankreich oder Italien kaufen.

Anleihen-ETF reagieren empfindlich auf Leitzinsveränderungen. Steigen die Zinsen, greifen Anleger lieber zu Aktien – und die Renten-ETF-Kurse können fallen. Umgekehrt sieht es aus, wenn die Zinsen sinken – dann sind hoch verzinste Anleihen noch attraktiver. Daher empfiehlt Finanztest Anleihen-ETF als Sicherheitsbaustein vor allem für Sparer mit einem Anlagehorizont von mindestens fünf Jahren.

Eine Auswahl von möglichen 1.-Wahl-Anleihe-ETF finden Sie im Fondsfinder von Finanztest, in dem Sie unter „Fondsgruppen" und „wichtige Fondsgruppen" die entsprechenden Anleihekategorien auswählen.

Pflege des Pantoffel-Portfolios

Das Pantoffel-Portfolio kommt mit wenig Pflege aus – egal wie hoch die angelegten Beträge sind. Ab und zu ist ein prüfender Blick sinnvoll, um nicht die Balance zu verlieren.

Eine Stärke des Pantoffel-Portfolios liegt darin, dass es wenig Aufwand macht – wenn man das möchte. Daher ist die Anlagestrategie gut geeignet für alle, die ein sorgenfreies Leben anstreben, in dem Geldfragen eine möglichst geringe Rolle spielen.

Eine andere Stärke ist die hohe Flexibilität: Wenn sich Ihre Ziele verschieben, Sie neue Schwerpunkte bei der Anlage setzen wollen oder Sie Spaß an der regelmäßigen Überprüfung von Zinsangeboten haben, dann steuern Sie je nach Wunsch nach. Bedenken Sie nur: Transaktionen verursachen in der Regel Kosten, die wiederum die Rendite schmälern.

Für Sparer, die sich wenig um ihr Vermögen kümmern möchten, reicht ein jährlicher prüfender Blick auf das Pantoffel-Portfolio (solange die Finanzmärkte nicht durch unerwartete Ereignisse komplett durchgerüttelt werden). Ebenso gilt, dass Sie das Portfolio nur bei starken Abweichungen anpassen sollten. Aktienkurse schwanken – und mit ihnen die Preise der Fonds. Anleger müssen aber nicht sofort tätig werden, wenn die tatsächliche Depotzusammenstellung von der gewünschten etwas abweicht. Das wäre zu aufwendig und teuer.

Dennoch ist es sinnvoll, bei einer Abweichung von mehr als zehn Prozentpunkten aktiv zu werden. Schließlich haben Sie Ihre Portfoliomischung aus Zinsanlagen und ETF aus einem guten Grund gewählt. Wenn es sehr gut oder schlecht an den Aktienmärkten läuft, kann dieses Verhältnis aus dem Ruder laufen.

Beispiel: Rebalancing

Ausgangslage: Ausgewogener Welt-Pantoffel mit 200 000 Euro Startkapital, aufgeteilt im Verhältnis 50 / 50.

Zinsanlagen nach einem Jahr: 103 000 Euro (plus 3 Prozent)

Welt-ETF nach einem Jahr: 65 000 Euro (minus 35 Prozent)

103 000 Euro (Zinsanlagen) + 65 000 Euro (ETF) = 168 000 Euro.

Anteil des Renditebausteins verschiebt sich auf 38,7 Prozent, eine Abweichung von mehr als zehn Prozentpunkten.

Aktuelle Gesamtsumme 168 000 Euro geteilt durch 2 = 84 000 Euro

Für das Verhältnis von 50 / 50 werden 19 000 Euro in den Renditebaustein verschoben.

Nachjustieren sollten Sie erst, wenn die Abweichungen mehr als zehn Prozentpunkte betragen. Beim ausgewogenen Pantoffel-Portfolio mit 50:50-Aufteilung ist das dann der Fall, wenn der Aktien-ETF-Anteil Ihres Gesamtvermögens mehr als 60 oder weniger als 40 Prozent ausmacht. Beim defensiven Pantoffel liegt die Grenze bei 35 beziehungsweise 15 Prozent, beim offensiven Depot wird es bei 65 respektive 85 Prozent kritisch. Alles dazwischen ist in Ordnung.

In vielen Jahren wird also keinerlei Anpassung nötig sein. Der kostenlose Finanztest-Rechner – unter test.de, Stichwort „Rechner Pantoffel-Portfolio" – zeigt Ihnen, wann Sie tätig werden sollten.

Wenn das Verhältnis aus dem Gleichgewicht geraten ist, verkaufen Sie Anteile aus der höher gewichteten Anlageklasse und schichten Sie auf einen Schlag in das untergewichtete Konto um.

Vermögensziel erreicht?

Ob große Anschaffung oder große Freiheit: Das Pantoffel-Portfolio hilft über viele Jahre, das Vermögen zu vermehren. Gleichzeitig können Sie jederzeit unterbrechen oder umschichten.

Wenn Sie die einzelnen Schritte dieses Kapitels durchgegangen sind, ist aus Ihrem Vermögen ein strategisch aufgebautes Portfolio geworden. Sie haben es – vielleicht ohne großes Vorwissen – geschafft, das Geld so anzulegen, dass es für die kommenden Jahre oder sogar Jahrzehnte arbeiten kann.

Kurzfristig verschafft Ihnen dieses Portfolio hoffentlich zunächst einmal ein gutes Gefühl, einen guten Schlaf und Sicherheit für den Fall, dass plötzlich privat große Ausgaben auf Sie zukommen oder sich berufliche Veränderungen ergeben. Benötigen Sie das Geld nicht für unvorhergesehene Ereignisse, dann träumen Sie hier und da ruhig etwas weiter. Langfristig betrachtet verfügen Sie weiterhin über eine stattliche Summe, denn solange die historischen Beobachtungen nicht völlig widerlegt werden, vermehrt sich das Kapital über die Zeit weiter.

Der große Vorteil an Ihrem Portfolio ist erneut die Flexibilität: Ihr Kapital, aufgeteilt auf Rendite- und Sicherheitsbaustein, hat zunächst einmal eine unbegrenzte Laufzeit. Marktbedingungen und Zinsen mögen sich verändern, aber die grundsätzlichen Gefäße, die Sie befüllt haben, haben kein Ablaufdatum. Gleichzeitig ist die Liquidität hoch: Sie können nahezu jederzeit (abgesehen von Festgeldfristen) Teile Ihres Portfolios auf ein Girokonto verschieben und ausgeben.

Wollen Sie sich einen großen Wunsch erfüllen – den Alterssitz in der Nähe der Tochter wie im Falle Anjas oder die Ferienimmobilie in Spanien wie bei Paul und Marion –, dann haben Sie ein mehr als solides Startkapital für diesen Schritt. Benötigen Sie eventuell kurzfristig das Geld, wie es bei Anton und seiner unsicheren Jobsituation der Fall ist, können Sie flexibel beliebige Summen entnehmen.

04

Ein Zuschuss für Alltag und Alter

Startschuss für die regelmäßige Zahlung

Ihr Vermögen ermöglicht es Ihnen, sich regelmäßig einen Zuschuss auszuzahlen. So können Sie die Rente aufstocken oder die Arbeit reduzieren. Doch kalkulieren Sie sorgfältig.

Mehr Vermögen, mehr Freiheit? Vielleicht blicken Sie immer noch etwas erschrocken auf die große Summe, die da auf Ihrem Konto gelandet ist. Im vorherigen Kapitel beschreiben wir, wie Sie eine große Summe klug anlegen, um das Geld über die Jahre gewinnbringend zu verwahren. Das aktuelle Kapitel setzt am anderen Ende an: Wie lässt sich Ihr Vermögen verwenden, damit Sie sich selbst eine Art Rente auszahlen können?

Die individuellen Motive, um über einen finanziellen Zuschuss nachzudenken, sind vielfältig. Zum einen könnten die regelmäßigen Zahlungen heute dabei helfen, die Arbeit etwas zu reduzieren – ohne finanzielle Einbußen zu spüren.

Zum anderen helfen die Strategien aus diesem Kapitel, eine etwaige Rentenlücke zu schließen. Dies beschreibt die Differenz zwischen Ihrem heutigen Nettogehalt und der Summe, die Ihnen netto einmal im Ruhestand bleiben wird. Frauen erhielten im Jahr 2022 aus der Rentenkasse durchschnittlich monatlich 1173 Euro und Männer 1543 Euro.

Beispiel: Bettina, 45 Jahre. Sie arbeitet als Sozialarbeiterin in einer Nichtregierungsorganisation. Durch ein niedriges Einkommen und längere Erziehungszeiten rechnet sie im Ruhestand mit nur einer geringen Rente. Eine unverhoffte Erbschaft von 100 000 Euro will sie daher so anlegen, dass sie später ihren heutigen Lebensstandard nicht reduzieren muss – und in ihrer geliebten Innenstadtwohnung bleiben kann.

Beispiel: Sonja, 31 Jahre. Sie arbeitet als Solarinstallateurin für einen Handwerksbetrieb. Von ihrer verstorbenen Großmutter erbt sie 200 000 Euro. Die will sie nutzen, um nur noch zu einem Viertel ihrer bisherigen Arbeitszeit angestellt zu sein und stattdessen ausgiebig reisen zu können.

Beispiel: Martin, 52 Jahre. Er arbeitet als verbeamteter Feuerwehrmann. Mit einem Arbeitskollegen gewinnt er eine größere Summe beim Lotto – und erhält 500 000 Euro auf sein Konto überwiesen. Sein Plan: Sofort kündigen, um künftig viel mehr Zeit für Motorradausflüge und Besuche bei seinen Kindern und Enkelkindern zu haben.

Egal ob weniger Arbeit oder mehr Geld im Rentenalter: Ihr kleineres oder größeres Vermögen, wie es Ihnen eben zur Verfügung steht, kommt hier gerade recht. Denn das Kapital verringert die Abhängigkeit vom Erwerbseinkommen.

Um solche und ähnliche Überlegungen geht es in diesem Kapitel. Die folgenden Seiten widmen sich der Frage, wie lange eine größere Summe reicht, um sich selbst monatlich oder jährlich Geld auszahlen zu können. Die Beispiele zeigen bereits: Die Spanne an Anfangsvermögen und Zielen, an Sicherheitsbedürfnissen und daraus resultierenden Anlagemöglichkeiten geht weit auseinander. Und je weiter die Pläne in die Zukunft reichen, desto mehr Ungewissheiten können die Kalkulation stören.

Wenn es darum geht, nur noch sein Geld für sich arbeiten zu lassen, fahren Sie daher mit einer Faustregel gut: Rechnen Sie im Zweifelsfall immer eine Spur konservativer, als es Ihnen Ihr Risikoprofil ermöglichen würde.

Welche Fragen wichtig sind

Mit dem Begriff „Rente" verbinden die meisten Menschen regelmäßige Zahlungen, die sie aus gesetzlichen oder privaten Versicherungen nach dem Ende ihres Arbeitslebens erhalten. Doch der Duden kennt noch eine weitere Definition für den Begriff: „regelmäßige Zahlungen, die jemand aus einem angelegten Kapital, aus Rechten gegen andere, als Zuwendung von anderen oder Ähnlichem erhält".

Auf eine kurze Formel gebracht bedeutet das: Sie erhalten heute Geld ohne eine direkte Gegenleistung, weil Sie früher einmal Geld angelegt haben. Übersetzt in den Alltag heißt es: Auch mit 18, 36 oder 48 können Sie Rente erhalten – wenn es Ihnen Ihr Vermögen und Ihre Anlagestrategie ermöglicht, ab sofort monatliche Summen auszuzahlen.

Zunächst ist es nicht so wichtig, ob Sie Ihre Arbeitszeit reduzieren, ganz aufhören zu arbeiten, ein paar einkommensschwächere Jahre überbrücken oder ihre Rente absichern wollen. Wichtig ist zunächst, das Ziel zu definieren – also die individuellen Eckdaten der Auszahlung. Folgende Fragen sind dafür zentral.

Wann geht es los?

Manche Anlegerinnen und Anleger blicken weit voraus in die Zukunft – und wollen ihren Zuschuss vielleicht erst in zehn, 20 oder sogar 30 Jahren erhalten. Andere wollen ihr Kapital kurzfristig nutzen und eventuell schon in wenigen Wochen die erste Zahlung erhalten. Je weiter der erste Auszahlungszeitpunkt in der Zukunft liegt, umso mehr Zeit hat Ihr Vermögen, angelegt zu werden – und möglicherweise in einem Pantoffel-Portfolio noch zu wachsen.

Wie lange sollen die Auszahlungen andauern?

Manchmal lässt sich von vornherein ein klar abgegrenzter Zeitraum benennen, in dem ein monatlicher Zuschuss helfen soll: Wenn es beispielsweise darum geht, ein Kind die Ausbildungsphase über zu unterstützen oder während der Hypothekenzahlungen ein zusätzliches Einkommen zu haben. In anderen Fällen geht es um deutlich längere und nur vage abschätzbare Zeiträume: Wollen Sie sich ab Renteneintritt einen Zuschuss auszahlen? Oder gar als Mittvierziger bis an Ihr Lebensende ein wenig Extrakapital erhalten?

LÄNGERER RENTENBEZUG: Die steigende Lebenserwartung und zum Teil frühere Renteneinstiege sorgten laut der DRV für das Jahr 2022 für eine durchschnittliche Rentenbezugsdauer für Männer von 18,8 und für Frauen von 22,2 Jahren.

Rechnen Sie großzügig. Gerade in Fällen, in denen Sie den Zuschuss als wichtige Säule für die Finanzierung Ihres Lebens einplanen, gilt: Packen Sie lieber noch einige Jahre auf Ihre optimistischste Lebensalterprognose drauf. 30 Jahre sind für viele Ruhestandskalkulationen eine gute Faustregel. Denn gerade über längere Zeiträume lassen sich Marktentwicklungen nicht verlässlich abschätzen. Zudem geht Ihnen ansonsten vielleicht gerade dann das Geld aus, wenn Sie alt und pflegebedürftig geworden sind.

Wie viel wollen Sie?

Welche Höhe soll der monatliche (oder auch nur vierteljährliche oder jährliche) Zuschuss haben, den Sie sich zukünftig auszahlen? Und vor allem: Welche Bedeutung soll diese Summe in Ihrer Alltagskalkulation haben? Die denkbare Spanne geht weit auseinander – vom vollen Gehaltsäquivalent über den Umfang des Lohns für eine Teilzeitstelle bis hin zum netten Taschengeld.

Falls der Zuschuss zukünftig eine zentrale Säule in Ihren Finanzen darstellen soll: Denken Sie an Inflation und Preissteigerungen. 500 Euro monatlich hätten vor 20 Jahren noch die Miete für eine kleine eigene Wohnung abgedeckt, heute liegen schon die Mieten für die meisten WG-Zimmer darüber. Lassen Sie sich nicht von einer unüblich hohen – oder niedrigen – Inflationsrate beirren. Gemittelt über die letzten 30 Jahre lag die Inflationsrate in Deutschland tatsächlich etwa bei dem auch von der Europäischen Zentralbank (EZB) angestrebten Wert von 2 Prozent.

Überlegen Sie, wie wichtig es Ihnen ist, ob sich die Zuschusszahlung mit den Jahren nach oben entwickeln soll, gleichbleiben darf oder Sie auch zwischenzeitliche Rückgänge aushalten.

Wie viel Geld soll übrig bleiben?

Zudem sollten Sie wissen, welchen Teil Ihres Vermögens Sie für den Zuschuss verwenden wollen. Eine Möglichkeit besteht darin, das gesamte Kapital einzusetzen und es im Laufe des Auszahlungszeitraums aufzubrauchen.

Das andere Extrem: Nur mögliche Zugewinne, Zinsen und Dividenden zahlen Sie sich aus, der Rest verbleibt auf dem Konto. Mischvarianten sind ebenfalls möglich: Nach zehn Jahren mit monatlichen Zuschüssen soll noch genug Kapital übrig sein, um Eigenkapital für eine Eigentumswohnung zu haben? Ziehen Sie die entsprechende Summe einfach von den folgenden Kalkulationen ab.

RENTENVERLUST BERÜCKSICHTIGEN: Je weniger Sie in den kommenden Jahren in die Rentenkasse einzahlen, desto geringer wird Ihre künftige Rente sein. Bei einem Jahresgehalt von 45 358 Euro erhalten Sie einen Rentenpunkt, mit dem monatlichen Gegenwert von 37,60 Euro. Diese Werte werden jährlich angepasst.

Grobe Kalkulation

Wenn Sie diese Fragen für sich beantwortet haben, können Sie sich allmählich mit den konkreten Zahlen befassen. Dabei gibt es einige unterschiedliche Perspektiven, aus denen Sie sich dem Thema nähern können.

Diese Formeln, in die Sie die vorhandenen oder angestrebten Werte eintragen, führen Sie zu einem ersten Ergebnis:

Vorhandenes Kapital geteilt durch anvisierte Monatsanzahl = monatliche Auszahlungshöhe

Bettina möchte im Ruhestand noch 30 Jahre zusätzliches Kapital als monatlichen Mietzuschuss haben. Sie rechnet:

100 000 Euro / (30 x 12) = 278 Euro monatliche Unterstützung

Vorhandenes Kapital geteilt durch monatliche Auszahlungshöhe = maximale Monatsanzahl

Sonja will sich künftig monatlich 1500 Euro auszahlen, um ihre Arbeitsstunden reduzieren zu können. So rechnet sie:

200 000 Euro / 1500 Euro = 133 Monate = gute 11 Jahre

Monatliche Auszahlungshöhe mal anvisierte Monatsanzahl = benötigtes Kapital

Martin möchte die acht letzten Jahre bis zur Pensionierung sein komplettes Nettogehalt durch einen eigenen Zuschuss ersetzen. Was bleibt von der halben Million Euro übrig?

3200 Euro x (8 x 12) = 307 200 Euro

500 000 – 307 200 = 192 800 Euro bleiben ihm zum Ruhestandseintritt

Über diese Berechnungen erhalten Sie ein erstes Gefühl, was Sie sich mit Ihrem Vermögen ermöglichen könnten – und was eben auch nicht. Eine Erkenntnis: Selbst hohe sechsstellige Summen reichen häufig nicht aus, um ein ganzes Leben lang ausschließlich vom Kapital zu leben. Sogenannte Privatiers, die ausschließlich vom Ererbten, Erwirtschafteten oder Ersparten leben, sind in Deutschland immer noch in der absoluten Minderheit.

Faustregeln nur als erster Überblick

Die gute Nachricht: Die Faustregeln enthalten schon einen gewissen konservativen Schätzfaktor, weil sie Zinsen komplett außer Acht lassen. Je nach Summe und Anlagedauer können sich diese über die Jahre und Jahrzehnte deutlich positiv bemerkbar machen.

Die schlechte Nachricht: Gebühren und Steuern sind natürlich ebenfalls nicht abgezogen. Daher wird es in der Praxis (und auf den kommenden Seiten) komplizierter. Je nach Verwendungszweck und -dauer und abhängig vom Startzeitpunkt Ihrer Auszahlungsphase kommen zusätzliche Bedingungen dazu.

Rente über einen ETF-Auszahlplan

Das Pantoffel-Portfolio verwahrt und vermehrt Ihr Vermögen. In wenigen Schritten können Sie daraus einen Auszahlplan erstellen. Bei der Auswahl der richtigen Summe gilt es, zwischen verschiedenen Modellen abzuwägen.

Ein strukturiertes Pantoffel-Portfolio ist in vielen Fällen eine geeignete Basis, um einen Auszahlplan zu erstellen. Hier ist Ihr Kapital zunächst einmal mit einer guten Mischung aus Sicherheit und Renditechancen angelegt. Zudem hat das Portfolio kein Ablaufdatum, Sie sind also in jeder Dimension flexibel, wann und wie Sie damit beginnen, sich einen regelmäßigen Zuschuss zu zahlen. Das verbleibende Kapital kann sich dabei mit Zinsen und Aktienkursen weiterentwickeln.

Historisch betrachtet, haben die auf den folgenden Seiten vorgestellten Entnahmestrategien funktioniert. Behalten Sie dennoch im Hinterkopf, dass es in der Zukunft zu unerwarteten Verwerfungen auf den Finanzmärkten kommen kann. Auch das spricht dafür, gewisse Puffer in ihre Kalkulationen einzubeziehen. Das kann bedeuten, dass Sie zusätzliche Einnahmen neben der Kapitalrente behalten – seien es Arbeitseinkommen, Versicherungen oder gesetzliche Renten. Oder dass Sie von vornherein einen Anteil des Ausgangsvermögens zur Seite legen. Falls Sie zwischenzeitlich größere Summen aus Ihrem angelegten Vermögen entnehmen, müssen Sie zudem neu rechnen.

Der eigentliche Entnahmeplan lässt sich mit wenig Aufwand einrichten. Folgende Schritte sind auf dem Weg vom Aufbau bis hin zur ersten Auszahlung wichtig.

Pantoffel-Aufbau

Wie Sie Ihr Pantoffel-Portfolio gestalten, haben Sie bereits im dritten Kapitel ab S. 37 erfahren: Sie haben zunächst Ihren Risikotyp bestimmt, dann ein günstiges Wertpapierdepot eröffnet und einen oder mehrere passende 1. Wahl-ETF erworben. Schließlich haben Sie den Sicherheitsbaustein mit Tages- oder Festgeld bestückt und – bei hohen sechsstelligen Summen – den Betrag auf mehrere Bankinstitute verteilt.

Ablauf der Entnahmestrategie

Den eigentlichen Verkauf der Anteile müssen Sie in den meisten Fällen selbst durchführen. Dafür überweisen Sie sich Geld von Ihrem Tagesgeldkonto. Den Überweisungsvorgang lösen Sie meist selbst aus, da Daueraufträge oder Terminüberweisungen bei Tagesgeldkonten in der Regel nicht möglich sind. Dabei sind Sie flexibel, wann genau oder wie oft Sie diesen Schritt durchführen.

Ein regelmäßiger Rhythmus hilft, eine Übersicht über die Finanzen zu behalten. Die Empfehlung daher: Setzen Sie je nach Bedarf und Wunsch auf jährliche, vierteljährliche oder eben monatliche Überweisungstermine. Schreiben Sie sich gegebenenfalls eine Erinnerung an den Zahltag in Ihren Kalender.

NACHTEILE EINER ETF-ENTNAHME: Das Kapital in ETF unterliegt im Vergleich zum Sicherheitsbaustein den größeren Schwankungen – nach oben und nach unten. Unangetastet gewinnt das Geld mehr Zeit, um zu wachsen oder um Rückgänge wieder auszugleichen. Dazu kommt, dass Käufe und Verkäufe in Wertpapierdepots meist Gebühren verursachen. Häufige Transaktionen schmälern daher Ihre Rendite.

Jährliche Überprüfung

Ein regelmäßiger prüfender Blick in das Portfolio ist sinnvoll. Das gilt vor allem dann, wenn sich Zinsen oder Aktienkurse durch wirtschaftliche oder politische Krisen stark verändern. Meist reicht es, die Balance des Portfolios einmal jährlich zu checken – und es bei Bedarf ins ursprünglich gewählte Verhältnis zurückzubringen.

Handeln müssen Sie erst, wenn die Anteile mehr als zehn Prozentpunkte vom Ursprungsverhältnis abweichen (siehe „Pflege des Pantoffel-Portfolios", S. 69). Dann nutzen Sie bei Kursverlusten Kapital vom Tagesgeldkonto, um ETF-Anteile nachzukaufen, bis die Balance (bei einem ausgewogenen Portfolio etwa 50:50) wieder erreicht ist.

Flexibler Ausstieg

Einer der großen Vorteile der Zusatzrente über das Pantoffel-Portfolio ist ihre Flexibilität. Anleger unterschreiben keinen Vertrag, der sie für eine fixe Laufzeit an die einmal gewählten Auszahlungsbedingungen bindet. Sie können Ihre Strategie also jederzeit ändern, die Entnahme beenden oder sich größere Beträge auszahlen. Fehlt Ihnen mit fortschreitendem

Alter irgendwann die Lust oder die Kraft, sich um die Geldanlage zu kümmern, stoppen Sie Ihre Entnahmestrategie einfach.

Das können Sie tun, indem Sie Ihre Aktien-ETF verkaufen und das gesamte Geld auf ein Giro- oder ein Tagesgeldkonto überweisen. Von dort können Sie dann je nach Bedarf einzelne oder regelmäßige Überweisungen tätigen.

Auswahl der Entnahmestrategie

Finanztest hat eine Reihe von Modellen entwickelt, die als Grundlage für Ihre Auszahlung dienen können. Grundsätzlich funktionieren alle ETF-Entnahmepläne sehr ähnlich: Sie nutzen das Kapital auf Ihrem Tagesgeldkonto für die regelmäßigen Überweisungen, ab und zu balancieren Sie das Pantoffel-Portfolio aus.

Doch im Detail gibt es Unterschiede. Sie sollten sich vor allem zwei Fragen stellen: Wie wichtig ist Ihnen eine fixe Auszahlungssumme pro Monat – oder darf es immer einmal wieder zu kleineren Anpassungen kommen? Und wie häufig und intensiv wollen Sie sich mit der Auszahlungsstrategie befassen? Für einige Modelle reicht eine einmalige Kalkulation, andere erfordern komplexere Berechnungen.

Die gute Nachricht: Ein Strategiewechsel ist jederzeit möglich. Sie sind also nicht für die kommenden Jahre und Jahrzehnte an Ihre heute getroffene Entscheidung gebunden. Kalkuliert sind die folgenden Modelle in erster Linie für Menschen, die sich einen Zuschuss für die Zeit ihres Ruhestandes versprechen. Doch technisch gibt es keinerlei zeitliche Begrenzung für die Dauer des Bezugs.

Zwei Faustregeln gelten dabei: Je länger Sie Geld entnehmen wollen, desto geringer ist das finanzielle Extra pro Überweisung. Und je später Sie mit der Auszahlungsphase starten, umso stärker kann das Anfangsvermögen noch anwachsen.

Die folgenden Seiten erläutern die Grundzüge der verschiedenen Rentenstrategien. Sie nennen zudem Vor- und Nachteile der möglichen Varianten.

ACHTUNG STEUERN: Zinsen und Dividenden, die Ihr Pantoffel-Portfolio wachsen lassen, müssen Sie versteuern. Das schmälert die Erträge noch einmal, abhängig von den jeweils erzielten Einnahmen und Ihrem persönlichen Freibetrag. Die folgenden Kalkulationen berücksichtigen mögliche individuelle Steuerabzüge nicht.

Auf der Sonderseite zur historischen Entwicklung der verschiedenen Rentenmodelle auf Seite 87 sehen Sie, wie sich die verschiedenen Rentenmodelle bezüglich Auszahlungsdauer und Vermögensstruktur in den vergangenen Jahren entwickelt haben.

RENTEN-RECHNER: Der Finanztest-Kalkulator berechnet die passenden Entnahmebeträge, Anlagesummen und Auszahlungszeiträume für alle Rentenvarianten. Sie finden ihn unter test.de, Stichwort Profirechner.

Fixe Rente

Bei der fixen Rente fließt ein einmal festgelegter Betrag immer verlässlich aufs Konto. Dieses Modell erfordert nach der einmaligen Einrichtung den wenigsten Aufwand für Anlegerinnen und Anleger. Es ist geeignet für diejenigen, die sich im Prinzip überhaupt nicht mehr um ihre Zusatzrente kümmern wollen. Zudem ist das Modell kalkuliert für die schlimmsten aller bisherigen Börsen- und Zinsverläufe. So gelangt man an eine Summe, die man selbst in einem finanziellen Schreckensszenario über die angestrebte Zeit entnehmen kann, ohne das Vermögen vorzeitig aufzubrauchen.

Mithilfe der Tabelle auf Seite 82 sehen Sie, wie hoch die monatliche fixe Rente je nach Laufzeit pro 100 000 Euro auf dem Tagesgeldkonto oder im Aktien-ETF sein kann. Die ETF-Rente hängt vom Marktzustand ab. Für ein 50:50 Portfolio mitteln Sie die Rentenwerte vom Tagesgeld und vom ETF. Noch einfacher können Sie Ihre Rente mit Hilfe unseres Profirechners für die Rente bestimmen. Sie finden den kostenlosen Rechner unter test.de und dem Stichwort Profirechner. Navigieren sie im Artikel „Mit dem Pantoffel-Portfolio die Rente aufpeppen" auf den Unterabschnitt „Profirechner für alle Laufzeiten".

Dieses Modell hat zur Folge, dass Sie mit einer hohen Rente rechnen können, wenn Sie Ihren Auszahlplan zufällig in einer Krise starten – weil es historisch betrachtet mit großer Sicherheit nach oben gehen wird. Die Wahrscheinlichkeit ist in jedem Fall hoch, dass sich Kurse über die Jahre nach oben entwickeln.

Damit haben Sie eine gute Chance, dass mit dieser Strategie am Ende der Laufzeit einiges an Vermögen übrig bleibt. Der Vorteil dieser Strategie liegt somit in einer sehr großen Sicherheit. Der Nachteil sind eher geringe Auszahlungssummen im Vergleich zu anderen Modellen.

Die fixe Rente im Überblick

Die Tabelle zeigt, wie hoch die monatliche fixe Rente je nach Laufzeit pro 100 00 Euro auf dem Tagesgeldkonto oder im Aktien-ETF sein kann. Die ETF-Rente hängt vom Marktzustand ab.
Für ein 50-50 Portfolio mittelt man die Rentenwerte vom Tagesgeld und vom ETF.

		MSCI-World-ETF, abhängig vom Marktzustand				
Entnahme-dauer in Jahren	Tagesgeld	Markt auf Höchst-stand oder bis zu 10% darunter	10-20% unter Höchst-stand	20-30% unter Höchst-stand	30-40% unter Höchst-stand	Mehr als 40% unter Höchst-stand
5	1667	1039	1149	1274	1486	1851
10	833	537	597	665	773	950
20	417	340	383	439	517	654
30	278	307	343	392	461	585

Beträge in Euro. Entnahme aus Tagesgeld: Annahme, dass Tagesgeldzinsen gleich null. Entnahme aus MSCI World-ETF: Auswertung aller rollierenden Zeiträume seit 1970. ETF-Renditen gleich MSCI World Index abzgl. 0,5 Prozent pro Jahr. Die Mindestentnahmen aus dem MSCI World-ETF sind konservativ geglättet. Quellen: Refinitiv, eigene Simulationen;
Stand: 31. August 2023

Besser ● ● ● ● Schlechter

» **Geeignet für Anlegerinnen und Anleger, die sich nach der Einrichtung nicht mehr kümmern wollen.** «

» **Den jeweiligen Betrag können Sie selbst im schlimmsten Fall über die gesamte Laufzeit entnehmen.** «

» **Infos zur derzeitigen Marktphase finden Sie stets aktuell unter test.de/pantoffel-auszahlphase.** «

4-Prozent-Regel

Wollen Sie Ihr Vermögen im Alter nutzen, um zumindest teilweise davon zu leben, werden Sie auf die „4-Prozent-Regel" stoßen. Die besagt, dass man bei einem ausgewogenen Portfolio jährlich 4 Prozent des Anfangsvermögens entnehmen kann und das Geld für 30 Jahre reicht. An die Inflation können Sie die Auszahlung dabei regelmäßig anpassen. So wird der Kaufkraftverlust ausgeglichen, die Auszahlung bleibt real konstant.

Die Startrente lässt sich schnell berechnen – genauso wie die regelmäßige Anpassung. Zudem ist leicht zu planen, wie viel Kapital nötig ist, um ein bestimmtes Ziel zu erreichen. Wer 500 Euro Zusatzrente im Monat anstrebt, kann mit der 4-Prozent-Regel berechnen, dass dafür ein Vermögen von 150 000 Euro nötig ist. Dafür nehmen Anleger ihre gewünschte Zusatzrente mal 12 und teilen das Ergebnis (also 6000 Euro) durch 0,04. Wer konservativ rechnet, wählt die 3-Prozent-Regel: 6000 Euro geteilt durch 0,03 ergibt 200 000 Euro als Startkapital.

Der Nachteil: Die Rente steigt zwar im Rahmen der Inflation – aber nicht mehr. Es wären höhere Renten erreichbar, wenn sich der Kapital- und der Zinsmarkt besser als im bisher schlechtesten Fall entwickeln. Finanztest hält alternative Modelle wie die „Lernende Rente" (siehe S. 86) für sinnvoller, weil dort größere Rentensteigerungen möglich sind.

Flexible Rente

Bei der flexiblen Rente rechnen Sie jedes Jahr neu aus, welchen Betrag Sie sich monatlich auszahlen. Dafür teilen Sie Ihr gesamtes Vermögen jeweils durch die Anzahl der verbleibenden Jahre. So erhalten Sie verlässlich Geld – aber die Höhe kann schwanken. Denn die Zahlung reagiert direkt auf den Verlauf des Aktienmarktes.

Ist die Verzinsung des Tagesgeldes hoch und sind die Börsenjahre gut, steigen die Beträge. Andersherum zahlen Sie sich nach Nullzinsjahren und Aktien-Crashs deutlich geringere Summen aus.

Ihr Vorteil: Ein Taschenrechner reicht, um diese Variante zu berechnen und anzupassen. Zugleich ist gesichert, dass Sie sich über den gesamten geplanten Zeitraum Geld auszahlen lassen können. Doch die Höhe schwankt stark. Damit ist diese Variante nicht geeignet für Sie, wenn Sie auf regelmäßige Zahlungen in verlässlicher Höhe angewiesen sind.

Zudem ist das Kapital in dieser Variante nach dem kalkulierten Zeitraum komplett aufgebraucht. Wenn Sie das vermeiden wollen, rechnen Sie vom Start weg nur mit einem Teil Ihres Vermögens. In einer historischen Betrachtung von Finanztest über die vergangenen 30 Jahre ermöglicht diese Variante jedoch die höchsten Auszahlungen.

Beispielrechnung flexible Rente

Erstes Jahr: Die Ausgangslage

100 000 Euro / 30 Jahre Entnahme = 3333 Euro pro Jahr = 278 Euro pro Monat

Zweites Jahr: Kurssteigerungen lassen das Kapital ansteigen

Zum Jahresende sind es trotz der bisherigen Entnahme 110 000 Euro / 29 Jahre Entnahme = 316 Euro pro Monat

Drittes Jahr: Ein heftiger Rückgang an den Aktienmärkten reduziert den Wert des Renditebausteins.

Ihr Gesamtvermögen schrumpft auf 89 000 Euro / 28 Jahre Entnahme = 264 Euro pro Monat

Zins- und Dividenden-Rente

Sie wollen sich einen kleinen Zuschuss auszahlen, aber das Ursprungsvermögen gar nicht anfassen? Dann ist die Zins- und Dividenden-Rente eine geeignete Variante für Sie. Dabei überweisen Sie sich nur das Geld, was Sie jährlich an Zinszahlungen auf den Sicherheitsbaustein und Dividenden auf den Renditebaustein erhalten.

Damit schwanken Ihre jährlichen Erträge mit der Zins- und Dividendenpolitik – in Nullzinsphasen steuert das Tagesgeldkonto beispielsweise nichts bei. Je nach Risikotyp fließen Ihnen auch nur wenige Dividenden aus den ETF zu. Zudem müssen Sie dafür einen ausschüttenden ETF gewählt haben – und Ihre Erträge schwanken auch mit dessen Kursentwicklung.

Wenn Sie voll auf diese Strategie setzen wollen, können Sie Ihr Pantoffel-Portfolio in Teilen auch mit Dividenden-ETF bestücken. Diese folgen Indizes von Unternehmen, die traditionell jährlich hohe Ausschüttungen leisten. Finanztest empfiehlt, solche ETF immer nur als Beimischung zu verwenden, da das Risikoprofil meist höher ist und sie schlechter abschneiden als breiter streuende ETF.

Berechnung der Zins- und Dividenden-Rente

Wir gehen aus von einer Summe von insgesamt 100 000 Euro. Diese kann gemäß der Finanztest-Strategie des Pantoffel-Portfolios in drei Varianten angelegt sein: defensiv (mit 75 Prozent Tages- oder Festgeld und 25 Prozent Aktienanteil), ausgewogen (mit einem Verhältnis von 50:50) oder offensiv (mit einem 25 prozentigem Sicherheitsbaustein und einem Renditebaustein, der 75 Prozent umfasst).

Defensives Pantoffel-Portfolio

75 000 Euro Tagesgeld (3 Prozent Zinsen), 25 000 Euro im Welt-ETF (Dividende 1,5 Prozent)

2250 Euro + 375 Euro = 2625 Euro / 12 = 218,75 Euro pro Monat

Ausgewogenes Pantoffel-Portfolio

50 000 Euro Tagesgeld (3 Prozent Zinsen) und 50 000 Euro im Welt-ETF (Dividende 1,5 Prozent)

1500 Euro + 750 Euro = 2250 Euro / 12 = 187,50 Euro pro Monat

Offensives Pantoffel-Portfolio

25 000 Euro Tagesgeld (3 Prozent Zinsen) und 75 000 Euro im Renditebaustein mit Welt-ETF und Dividenden-ETF (gemittelte Dividende 4 Prozent)

750 Euro + 3000 Euro = 3750 Euro / 12 = 312,50 Euro pro Monat

Die Variante ist gut geeignet, wenn Sie das Kapital vererben oder in einigen Jahren eine größere Anschaffung tätigen wollen, beispielsweise eine Immobilie. Denn im historischen Vergleich erhalten Sie hier die mit Abstand höchste Summe nach Ablauf der gewünschten Laufzeit.

Doch um sich einen relevanten monatlichen Betrag überweisen zu können, benötigen Sie eine extrem hohe Ausgangssumme. Außerdem werden Zinsen und Dividenden in den meisten Fällen nicht monatlich ausgezahlt, sondern quartals- oder jahresweise. Dadurch steht Ihnen das Geld nicht automatisch alle vier Wochen zur Verfügung.

Beachten Sie zudem: Gerade bei dieser Variante ist die Abgeltungssteuer relevant. Alle Einkünfte oberhalb von 1000 Euro pro Jahr werden besteuert – grob gerechnet müssen Sie also noch einmal ein Viertel des darüber hinausgehenden Betrags abziehen.

Komplexere Varianten

Rentenberechnungen bilden komplexe Szenarien ab, weil sie weit in die Zukunft blicken. Veränderungen bei Zinsen oder Dividenden führen über die Jahre zu starken Abweichungen. Zwei Finanztest-Modelle wollen das ausgleichen – basieren dadurch aber auf komplexeren Algorithmen, die sich nicht mehr mit Stift und Papier nachvollziehen lassen.

Beispielkalkulationen für diese Varianten können Sie kostenlos online im Finanztest-Kalkulator selbst für sich durchspielen. Diesen finden Sie unter test.de, Stichwort Profirechner.

Rente mit Puffer

Diese Strategie kalkuliert einen Verlustpuffer ein, um die monatlichen Zahlungen möglichst nie absenken zu müssen. Damit soll es nicht zu jährlich stark schwankenden Zuschüssen kommen, wie es etwa in der flexiblen Rente passieren kann.

Das Modell basiert auf Berechnungen und Prognosen von Finanztest. Eine Grundannahme ist ein jährliches Wachstum der Kurse von 7 Prozent für ein Welt-ETF-Portfolio. In allen Marktphasen wird ein Puffer eingerechnet, falls das Aktienvermögen am Folgetag stark einbricht oder sich länger nicht erholt.

Zu Beginn sind die Rentenzahlungen aufgrund des Puffers eher unterdurchschnittlich. Entwickeln sich die Börsenkurse aber über viele Jahre gut, ermöglicht die Pufferstrategie ordentliche Rentenerhöhungen, die auch Inflationsraten ausgleichen. Das macht die Variante beispielsweise für Rentner interessant, die mit langfristig steigenden Kosten rechnen, etwa für ihre Pflege.

Zudem gibt es in dem Modell nach 25 Jahren – also im normalen, vorsichtig kalkulierten Rentenfall im letzten Sechstel der Laufzeit – einen kräftigen Sprung nach oben. Dann wird das gesamte Kapitel nämlich komplett in Tagesgeld umgeschichtet. Danach wird Restvermögen jährlich durch die Restlaufzeit geteilt, so wie bei der flexiblen Rente.

Lernende Rente

Diese Strategie versucht, Anlegerinnen und Anlegern von vornherein höhere Rentenzahlungen zu ermöglichen. Dafür läuft im Hintergrund ein Algorithmus mit, der mit der Entwicklung der tatsächlichen Kursverläufe gefüttert wird.

Die Kalkulation im Hintergrund geht dabei wie folgt vonstatten: Die Entnahme vom Tagesgeldkonto wird wie bei der flexiblen Rente behandelt – das Restvermögen wird jährlich durch die Restlaufzeit geteilt.

Doch geschieht das unter der Annahme, dass es hier – unabhängig von der tatsächlichen Situation – keine Zinsen gibt. Die Berechnung für den Aktienbaustein berücksichtigt jedes Jahr aufs Neue, wo der Markt aktuell steht, und gleicht das mit den historischen Kursverläufen ab. Je weiter die Kurse vom Höchststand entfernt sind, desto höher ist hier in der Kalkulation die ausgezahlte Summe.

Was die Auszahlung angeht, werden die Renten aber tatsächlich maximal um 4 Prozent pro Jahr gesteigert. Das sorgt dafür, dass in den allermeisten Jahren der Puffer stärker anwächst – und so die permanente, aber leichte Steigerung der Zuschusszahlungen möglich ist.

Rentenstrategien im Vergleich

Die fünf Strategien haben unterschiedliche Stärken und Schwächen. Diese Übersicht hilft Ihnen bei der Entscheidung, welche zu Ihnen passt und Ihre Bedürfnisse am besten erfüllt. Wer Wert auf möglichst stabile Zahlungen legt, schaut sich die Strategien mit gutem Schutz vor Rentensenkungen an. Wer im Verlauf möglichst hohe Renten haben will, orientiert sich besser am Steigerungspotenzial.

Die Angaben beziehen sich auf ein ausgewogenes Pantoffel-Portfolio (S. 42)

	Fixe Rente	Flexible Rente	Zins-und-Dividenden-Rente	Rente mit Puffer	Lernende Rente
Anfangsrente[1]	Hoch	Mittel	Gering	Mittel	Hoch
Steigerungspotenzial[2]	–	Hoch	Gering	Hoch	Mittel
Endvermögen[2)3)]	Hoch	–	Hoch	–	Mittel
Schutz vor Rentensenkung	Hoch	Gering	–	Hoch	Hoch

1) Bezogen auf aktuell gültige Startrenten. 2) Basierend auf historischer Simulation über 30 Jahre. 3) Vermögen am Ende der 30 Jahre.

Vermögen im Lauf von 30 Jahren

Die Grafik zeigt die Vermögensentwicklung der fünf Entnahmestrategien. Die Fixe sowie die Dividendenrente hinterlassen zwar ein beachtliches Vermögen. Die Monatsraten waren in diesen Modellen aber über 30 Jahre eher gering – für manche möglicherweise zu gering.

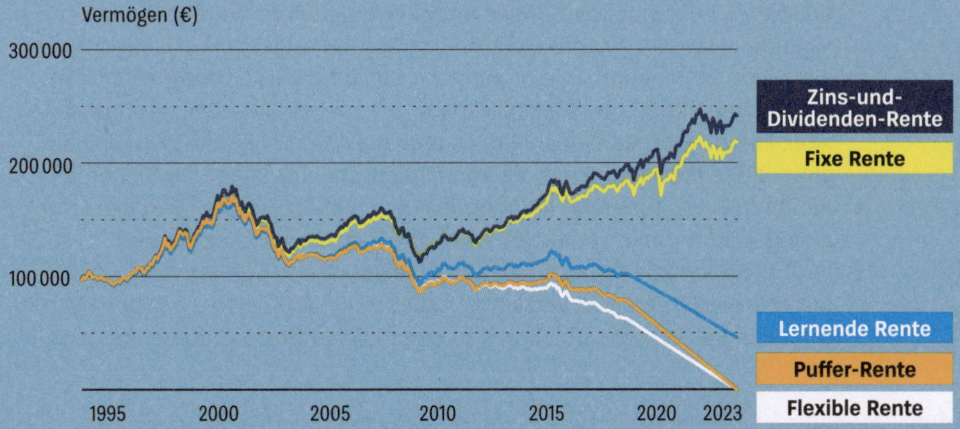

Quelle: Refinitiv, eigene Simulationen für Anfangskapital 100 000 Euro; Stand: 31. August 2023

Alternative Zuschuss-Strategien

Wer nicht auf ETF setzen will, dem ermöglichen andere Finanzprodukte einen regelmäßigen Zuschuss. Diese bringen mehr Sicherheit, aber weniger Rendite und eine geringere Flexibilität.

Das Pantoffel-Portfolio und darauf aufbauende Entnahmestrategien haben sich in den vergangenen Jahren bewährt. Doch wen es beunruhigt, dass mögliche Zuschüsse für viele Jahrzehnte von den Entwicklungen auf den Kapitalmärkten abhängen, für den stehen Alternativen bereit. Die sind insbesondere für Anleger gedacht, die sich nicht selbst um die Strukturierung ihrer finanziellen Angelegenheiten kümmern möchten.

Die Basis stellt in diesen Fällen eine Einmalzahlung an ein Finanzinstitut dar – im Gegenzug erhalten Sie verlässlich zugesicherte Zahlungen über einen klar definierten oder unbestimmten Zeitraum. Das sorgt für eine große Verlässlichkeit.

Gleichzeitig reduzieren Sie Ihre Flexibilität, weil das Geld nicht (oder nur mit größeren Einbußen) vorzeitig zurückgezahlt wird. Benötigen Sie überraschend eine größere Summe, um das Haus zu sanieren, fehlt Ihnen Liquidität. Zugleich fällt die Rendite in der Regel schlechter aus als eine Anlage am Kapitalmarkt.

Sofortrentenvertrag

Sofortrentenverträge, auch bekannt als „Rente gegen Einmalbetrag", funktionieren simpel: Sie zahlen einmal eine größere Summe in die Versicherung ein. Im Anschluss erhalten Sie monatlich bis zu Ihrem Lebensende eine garantierte monatliche Zahlung. Dieses Angebot richtet sich insbesondere an Menschen rund um das reguläre Renteneintrittsalter. Für jüngere Menschen gibt es ebenfalls Angebote, die sich aber so gut wie nie rechnen. Denn die Einfachheit und vor allem die Sicherheit hat ihren Preis: Die Höhe der monatlichen Zahlung ist in aller Regel sehr gering. Damit es sich finanziell lohnt, müssen Sie sehr lange leben.

Mit Glück kann der Auszahlbetrag steigen. Denn von Ihrer eingezahlten Summe dürfen die Versicherer zunächst die Kosten abziehen. Der verbleibende Betrag wird aktuell zu einem Garantiezins von mindestens

0,25 Prozent angelegt – trotz eines generellen Anstiegs des Zinsniveaus. Mehr als diesen Wert dürfen Versicherer nicht garantieren. Ab 2025 ist es 1 Prozent. Wenn der Versicherer das Kapital gewinnbringend am Kapitalmarkt anlegt, stehen Ihnen mindestens 90 Prozent dieser Erträge zu. Doch auf dieses Extra der „Überschussbeteiligung" können und dürfen Sie sich nicht verlassen.

Sofortrente im Test

Finanztest hat im Dezember 2022 mehrere Sofortrenten-Angebote verglichen. Unsere Expertinnen und Experten haben dabei 20 sofort beginnende klassische Rentenversicherungen mit fester Rentenzusage und volldynamischer Überschussverwendung untersucht.

Dabei haben sie eine Modellkundin konstruiert, die 65 Jahre alt ist und 100 000 Euro in eine sofort beginnende Rentenversicherung einzahlt. Die Rente fließt im Modellfall lebenslang ab dem 1. November 2022 und soll mindestens 20 Jahre lang ausgezahlt werden, selbst wenn die Kundin vorher stirbt.

In der Untersuchung gibt es allerdings keinen Tarif mit dem Qualitätsurteil Sehr Gut oder Gut. Am besten schnitten die LV1871 und die Württembergische ab. Beide kamen mit ihrer Rentenzusage zwar nur auf ein Ausreichend (jeweils Note 2,8), dafür erreichten sie beim Anlageerfolg ein Sehr Gut.

Die höchste garantierte Rente zahlt die Europa (284 Euro). Sie kam allerdings nur auf einen ausreichenden Anlageerfolg und bekam die Note 3,4 von uns. Alle Ergebnisse der Untersuchung finden Sie im Finanztest-Heft 11/2022 sowie online unter test.de, Stichwort Sofortrente.

Wenn Sie sich mit Ihrem Vermögen dennoch diese sichere Zusatzrentenzahlung erkaufen wollen, achten Sie auf die folgenden Punkte.

Sofortrente – Auszahlvarianten

Entscheiden Sie sich für eine volldynamische Rente, wenn Ihre Rente niemals unter einen Sockelbetrag sinken soll. Zwar ist hier die monatliche Zahlung aus Garantierente und Rente aus Überschussbeteiligung anfangs niedriger als bei anderen Varianten, aber die einmal erreichte Rentenhöhe bleibt erhalten.

Anders kann es bei der konstanten oder teildynamischen Überschussrente aussehen. Hier kann die monatliche Zahlung anfangs höher sein als bei der volldynamischen Überschussrente. Fällt die Überschussbeteiligung in den folgenden Jahren, könnte aber auch die Gesamtrente sinken.

Sofortrente – Rentengarantiezeit

In der Basisvariante gestaltet sich diese Rentenversicherung als Wette auf ein langes Leben – sterben Sie bald nach Abschluss, profitiert der Versicherer.

Doch es ist möglich, eine Rentengarantiezeit zu vereinbaren. Dann zahlt die Versicherung für den vereinbarten Zeitraum; nach Ihrem Tod könnten Verwandte profitieren. Doch mit dieser Garantie sinkt die garantierte monatliche Mindestrente.

Einen Vertrag mit Rentengarantie sollte ein Kunde nur abschließen, wenn ein Hinterbliebener die finanzielle Versorgung wirklich benötigt.

Sofortrente – Steuern und Abgaben

Die monatlichen Zusatzzahlungen landen in Gänze auf Ihrem Konto, Sie müssen den Ertragsanteil der Einnahmen aber noch versteuern. Dessen Höhe hängt von Ihrem Alter bei Rentenbeginn ab – je später der Bezug startet, desto weniger der monatlichen Summe unterliegt der Besteuerung.

Mit Mitte 30 läge der Ertragsanteil bei etwa 40 Prozent, mit Mitte 50 noch bei etwas mehr als 25 Prozent, zum regulären Renteneintrittsalter mit 67 Jahren bei 17 Prozent.

Weitere Alternative: Bankauszahlplan

Der Bankauszahlplan bietet eine andere Alternative, bei der Sie einen Einmalbetrag einzahlen, der zu einem zugesicherten Satz verzinst wird. Im Anschluss erhalten Sie über einen vorher bestimmten Zeitraum monatliche Zahlungen in einer garantierten und gleichbleibenden Höhe, die auf ein Referenzkonto überwiesen werden.

Damit eignet sich der Bankauszahlplan insbesondere für Anlegerinnen und Anleger, die über einen klar abgegrenzten Zeitraum einen verlässlichen Zuschuss erhalten wollen. Zudem ist die Sicherheit extrem hoch: Kapital, Zins und monatliche Zahlung sind über die Laufzeit garantiert – und Ihre Einlagen in der Regel über die Einlagensicherungssysteme geschützt.

Das Produkt passt damit zu Menschen, die frühzeitig aufhören wollen zu arbeiten und sich so die Jahre bis zum Beginn der Altersrente finanzieren. Oder für Sparer, die eine Immobilie gekauft haben und sich für die Zeit der Hypothekenzahlungen zusätzliche Einnahmen verschaffen wollen. Ebenso ist denkbar, dass der einmal angelegte Betrag dafür sorgt, dass Kinder über ihre Ausbildung hinweg eine monatliche Unterstützung erhalten.

Welcher Rententyp sind Sie?

Sofortrente	ETF-Pantoffel-Auszahlplan
Sicherheit	
↑ Mindestrente nicht hoch, doch lebenslang sicher. Diese Sicherheit ist Ihnen wichtiger als Rendite.	↓ Lebenslange Zahlung ist nicht garantiert, wenn Sie älter werden als geplant. Rentenzahlungen können sinken.
Chance auf mehr	
→ Versicherer muss Sie an Überschüssen beteiligen, die er mit Ihrem Geld erwirtschaftet. In Niedrigzinsphasen gibt es kaum welche.	↑ Sie profitieren von den Renditechancen der Aktienmärkte. Ihre Rente wird mit großer Wahrscheinlichkeit steigen.
Flexibilität	
↓ Im Alter nicht nötig, sich aktiv zu kümmern. Damit aber weniger flexibel.	↑ Auszahlplan jederzeit änderbar, Entscheidung auf z. B. Sofortrente möglich.
Kosten	
↓ Mittel bis hoch.	↑ Tagesgeld und ETF: minimale Kosten.
Steuern in der Auszahlphase	
↑ Ertragsanteil Ihrer Rente wird besteuert. Die Höhe richtet sich nach dem Alter bei Rentenbeginn: mit 65 Jahren sind 18 Prozent steuerpflichtig.	→ Auf die in den Auszahlungen erhaltenen Erträge Ihrer Geldanlage zahlen Sie 25 Prozent Kapitalertragssteuer plus Soli und eventuell Kirchensteuer.
Kapitalwahlrecht	
↓ Nur wenige Versicherer bieten es an. Kapitalzahlung mit Einbußen verbunden.	↑ Sie behalten die Hoheit über Ihr Geld, können stets größere Summen nutzen.
Hinterbliebenenschutz	
→ Für Hinterbliebene zeitlich befristete Rentengarantie, Kapital- / Beitragsrückgewähr vereinbar (schmälert Ihre Altersrente).	↑ Sterben Sie, bekommen Ihre Hinterbliebenen den Rest Ihres Vermögens.

Beispiel Bankauszahlplan: Fall A

Sie wollen vier Jahre 1000 Euro monatlich erhalten, um eine finanzielle Lücke im Vorruhestand auszugleichen.

Bei 2,25 Prozent Zinsen: zu Beginn ca. 46 000 Euro investieren.

Beispiel Bankauszahlplan: Fall B

Sie wollen Ihrem Kind nach dem Schulabschluss zehn Jahre monatlich 700 Euro überwiesen.

Bei 2 Prozent Zinsen: zu Beginn ca. 75 000 Euro investieren.

Beachten Sie: Geschmälert wird die Auszahlung durch Gebühren der Banken, die zum Beispiel für das Referenzkonto anfallen können. Zudem müssen Sie Zinserträge versteuern, sobald Sie den Freibetrag von insgesamt 1000 Euro pro Jahr überschreiten. Wenn der Vertrag für Ihre Kinder gedacht ist und auf deren Namen läuft, können deren Freibeträge in Anspruch genommen werden.

Einschränkungen bei Bankauszahlplänen

Da ein Bankauszahlplan kein individuelles Abheben von Geld ist, sondern ein Vertrag mit einer Bank, unterliegt er auch gewissen Pflichten und Einschränkungen.

Das wichtigste: In der Regel können die Zahlungen nicht ausgesetzt oder angepasst werden, falls sich die Lebenssituation verändert. Die meisten Bankauszahlpläne setzen zudem auf den Kapitalverzehr – am Ende der Laufzeit ist das eingesetzte Vermögen vollständig aufgebraucht. Zudem orientieren sich die zugesagten Zinsen an der Höhe des Zinsniveaus und sind daher niedriger (aber dafür verlässlicher) als die historische Entwicklung an den Aktienmärkten.

Aus all diesen Gründen ist es sinnvoll, sich höchstens für zehn Jahre auf einen Bankauszahlplan festzulegen und vorher vor allem die Kosten der Banken in den Blick zu nehmen. Die meisten Angebote sind hinsichtlich Anlagesummen und Zeiträumen ohnehin begrenzt.

Vermarktet werden sie unter unterschiedlichen Namen, manchmal taucht der Begriff „Sofortrente" auf. Ein Unterschied zu Sofortrenten-Versicherungen ist die zeitlich klar definierte Laufzeit.

Sonderzahlung in die Rentenversicherung

Renteneinbußen durch einen früheren Ruhestandsbeginn lassen sich mit Ihrem Vermögen abfedern – wenn Sie mehrere Zehntausend Euro investieren können. Ein Steuerbonus macht das Modell interessant.

Die Spielregeln der Deutschen Rentenversicherung sind klar: Wer nach dem Jahr 1964 geboren ist, erreicht erst mit 67 Jahren die Regelaltersgrenze (wenn sie oder er nicht vorzeitig auf 45 Versicherungsjahre kommt).

Wer mindestens 35 Jahre in die Rentenversicherung eingezahlt hat (Erziehungs- oder Studienzeiten werden angerechnet), kann schon ab dem 63. Geburtstag die Rente beantragen – dann aber mit Abschlägen: Für jeden Monat, den Sie früher in Rente wollen, werden ihnen 0,3 Prozent Ihrer Altersrente abgezogen.

Verabschieden Sie sich volle vier Jahre früher aus dem Arbeitsleben, erhalten Sie also 14,4 Prozent weniger Rente. Und das Ihr gesamtes restliches Leben lang. Statt 1543 Euro monatlich deutscher Durchschnittsrente für Männer bekämen Sie dann aktuell nur 1320 Euro überwiesen. Ein Teil der Rente muss zudem noch versteuert werden.

Freiwillige Beiträge für die Rente

Hier kommt Ihr geerbtes Vermögen ins Spiel. Die Deutsche Rentenversicherung ermöglicht es, Abschläge durch einen früheren Renteneintritt ab dem 50. Lebensjahr mit Sonderzahlungen zu verringern oder ganz auszugleichen. Wenn es Ihnen wichtig ist, Ihre gesetzliche Rente zu verbessern, anstatt das Kapital selbst aktiv anzulegen, dann sind diese Sonderzahlungen ein guter Weg.

Über diese Möglichkeit können Sie sich entweder einen abschlagfreien früheren Rentenbeginn erkaufen. Alternativ schrauben Sie Ihre Altersrente noch einmal ein Stück nach oben, wenn Sie erst zum regulären Datum in Rente gehen. Denn wenn es Ihnen im Berufsleben besser gefällt als gedacht, ist das kein Problem. Dann steigt Ihre reguläre Altersrente entsprechend. Nur zurückgezahlt werden können die Sonderzahlungen nicht. Mit dem eingezahlten Geld wetten Sie vor allem auf ein langes Leben – je länger Sie Rente beziehen, desto stärker hat sich die Überweisung gelohnt.

Wie viel Sie zahlen müssen, wird dabei individuell berechnet. In vielen Fällen geht es um niedrige bis mittlere fünfstellige Beträge. Die Summe hängt vor allem davon ab, wie viel früher Sie in Rente gehen wollen und wie viel Rente Sie erwarten können. Die Höhe orientiert sich auch an den jeweils geltenden gesetzlichen Rahmenbedingungen der Rente – die genaue Formel verändert sich jährlich.

Zusatzvorteil Steuerabzug

Ihre Sonderzahlung lässt sich in den meisten Fällen über die Altersvorsorgeaufwendungen in der Steuererklärung absetzen. Häufig ergibt es Sinn, größere fünfstellige Beträge über mehrere Jahre zu verteilen, um nicht den steuerlich absetzbaren Höchstbetrag von 27 556 Euro für Ledige oder 55 312 Euro für verheiratete Paare (Werte für das Jahr 2024) zu überschreiten.

Die Sonderzahlungen können dabei über mehrere Jahre hinweg beliebig oft getätigt werden.

Um welche Beträge es für Sie geht, erfahren Sie über einen Antrag bei der Deutschen Rentenversicherung. Konkret geht es um das Formular „Auskunft über die Höhe der Beitragszahlung zum Ausgleich einer Rentenminderung bei vorzeitiger Inanspruchnahme einer Rente wegen Alters". Hier geht es zum Onlineformular: deutsche-rentenversicherung.de, Stichwort „V0210".

NACHZAHLUNGEN FÜR JÜNGERE VERSICHERTE: Der Antrag auf eine Sonderzahlung ist erst ab dem 50. Lebensjahr möglich. Wer jünger als 45 Jahre ist, kann aber beispielsweise freiwillige Nachzahlungen für Ausbildungs- und Studienzeiten leisten. Die Sonderzahlungen können es erleichtern, früher auf die Mindestversicherungszeiten von 35 oder 45 Jahren zu kommen. Doch auch hier ist die Rechnung sehr individuell – und abhängig davon, welche Bedeutung die gesetzliche Rente im eigenen Absicherungsmix haben soll.

Psychologische Auswirkungen

Weniger Arbeitsstunden? Die Aussicht auf die große Freiheit ist verlockend. Doch stellen Sie sich vor einem solchen Schritt die Sinnfrage.

Arbeit ist für Sie nur das halbe Leben – wenn überhaupt? In Umfragen bestätigt sich immer wieder: Viele Menschen würden gern die Stundenanzahl in ihrem Hauptjob reduzieren. Laut des Meinungsforschungsinstituts Gallup aus dem Jahr 2023 sagten nur noch 38 Prozent der deutschen Arbeitnehmerinnen und Arbeitnehmer, dass ihnen ausreichend Zeit für Familie und Freunde bleibe. Ein Jahr zuvor stimmten noch 42 Prozent dieser Aussage zu.

Mit der richtigen Strategie, die Sie in diesem Kapitel kalkuliert haben, sind Sie nun vielleicht in der Lage, dieses Ziel umzusetzen. Schon die Reduktion um ein paar Prozent kann sich nach der großen Freiheit anfühlen. Die selbstfinanzierte Viertagewoche beschert Ihnen ein langes Wochenende, der Wechsel auf eine halbe Stelle womöglich fünf komplett freie Nachmittage. Häufig bringt dieser Schritt eine enorme Erleichterung, wenn es etwa um die Betreuung von Kindern oder Angehörigen geht.

Unterschätzen Sie diesen Schritt dennoch nicht. Die finanzielle Kalkulation mag aufgehen, doch bedenken Sie beispielsweise organisatorische Punkte: Kann Ihr Arbeitgeber später möglicherweise auch wieder Ihre Aufstockung gewährleisten? Das erleichtert die Entscheidung für die Teilzeit – denn die psychologischen Effekte sind bedeutend. Wenn Sie Ihren Arbeitsalltag verändern, ändert sich Ihr gesamtes Leben. Bedenken Sie die möglichen Auswirkungen, bevor Sie den Antrag auf Teilzeit einreichen.

Positive Auswirkungen

Gesundheit: Stress ist schädlich – für Körper und Geist. Sorgt eine hohe Arbeitsbelastung dafür, dass Sie etwa schlecht schlafen und nicht abschalten können, dann kann die Reduzierung hier Entlastung bringen. Denken Sie daran, dass es einige Zeit dauern kann, bis sich der Erholungseffekt einstellt.

Freiheit: Schon die theoretische Möglichkeit, Stunden reduzieren zu können, erhöht für viele Menschen die innere Unabhängigkeit. Denn mit der finanziellen Sicherheit im Rücken müssen Sie nicht jede Überstunde, jeden möglichen Karriereschritt akzeptieren. Zudem sorgt ein freierer Kopf bei manchen dafür, dass die Kreativität stärker sprudelt. Einige Ideen für neue Betätigungen oder Projekte kommen erst, wenn sich die Gedanken nicht mehr nur um die Arbeit drehen (müssen).

Flexibilität: Ein Joggingrunde am Vormittag, ein mehrtägiger Trip zu Freunden – mit der verringerten Stundenanzahl gewinnen Sie die Möglichkeit, selbstbestimmter über Ihre Zeit zu verfügen. Das eröffnet neue Gelegenheiten, Hobbys oder Beziehungen zu pflegen.

Negative Auswirkungen

Auslastung: Vorher war Ihr Tag, Ihre Woche, Ihr Monat klar strukturiert. Jetzt gähnen große Lücken im Kalender. Die können Sie selbst füllen – und müssen es auch. Wer sich Sorgen macht, dass Kopf oder Körper mit weniger Arbeitsstunden nicht mehr ausgelastet ist, kann sich für die Zeit nach dem Umstieg systematisch Pläne machen, zum Beispiel einen Sprachkurs planen, sich für ein Ehrenamt verpflichten – oder sich ganz einfach eine wöchentliche Fahrradrunde in den Kalender schreiben.

Anerkennung: Ein Lob vom Kollegen, eine Bestätigung von der Chefin, ein gutes Gefühl nach einer abgeschlossenen Präsentation – für viele Menschen sorgt die Arbeit nicht nur für Geld, sondern auch für Bestätigung. Stellen Sie auf Teilzeit um, reduziert sich Ihr Aufgabengebiet unter Umständen – und Ihre Bedeutung in einem Team. Schwieriger könnte es zudem bei Beförderungen werden. Viele Unternehmen tun sich immer noch schwer, Führungspositionen in Teilzeit zu vergeben. Fragen Sie sich kritisch: Hält Ihr Ego all das ohne Probleme aus?

Langeweile: Nicht jeder Ihrer Bekannten ist automatisch ebenso flexibel wie Sie und bereit für ein Treffen auf einen Kaffee am Mittwochvormittag. Es ist möglich, dass Sie gerade in der ersten Zeit mehr Stunden mit sich selbst verbringen – weil Freunde und Familie weiterhin gut ausgelastet sind und Ihre Kollegen und Kolleginnen nun einmal arbeiten. Diese Umstellung kann ein Gefühl der Ausgeschlossenheit verstärken. Doch mit etwas Glück benötigt Ihr Kopf nur etwas Leerlauf, um überhaupt auf frische Ideen zu kommen.

05

Endlich Eigenheim!

Der Traum vom Eigenheim

Viele Menschen träumen vom eigenen Haus oder der eigenen Wohnung – und verzweifeln an den hohen Immobilienpreisen. Das geerbte Vermögen macht den schwierigen Weg zum Wohneigentum etwas leichter.

In den eigenen vier Wänden wohnen, vielleicht in einem frei stehenden Haus mit Garten – für viele Menschen ist das ein Traum, den sich aber nur wenige erfüllen können. Laut einer im September 2023 veröffentlichten repräsentativen Umfrage des Baufinanzierers Interhyp hegen 70 Prozent der Mieterinnen und Mieter den Wunsch, einmal in Eigentum zu leben. Der Großteil träumt dabei von einem Einfamilienhaus. Die Realität sieht anders aus: Deutschland ist ein Mieterland. Mit einem Anteil von 53,5 Prozent ist in keinem anderen EU-Land der Anteil an mietenden Menschen so hoch. Der EU-Schnitt liegt laut Angaben des Statistischen Bundesamts bei gerade einmal 30,9 Prozent.

Dass in Deutschland der Mietanteil so hoch ist, hat auch historische Gründe. Nach dem Zweiten Weltkrieg wurde im zerstörten Land viel preisgünstiger Wohnraum in Form von Mietwohnungen neu errichtet. Hinzu kommt, dass es in der ehemaligen DDR kaum möglich war, eine Immobilie zu kaufen.

Je nach Lebenssituation gibt es viele Gründe, von einer eigenen Immobilie zu träumen. Bei jungen Paaren ist es oft der Wunsch nach einem eigenen Heim für die Familie mit viel Platz für die Kinder. Andere streben danach, im Alter mietfrei wohnen zu können. Vielleicht war dies für Sie bisher ein unrealistisches Ziel – das durch Ihre Erbschaft nun aber in greifbare Nähe gerückt ist.

Dieses Kapitel hilft Ihnen bei der Einschätzung, ob ein Immobilienkauf für Sie die richtige Wahl sein könnte. Dazu gibt es Ihnen einen Überblick, wie Sie die Erfüllung Ihres Traums vom Eigenheim angehen könnten – und wo das geerbte Vermögen helfen kann. Zudem reißt das Kapitel auch die ambitionierten Varianten eines Immobilienkaufes an, die bei einem größeren Vermögen interessant werden könnten: Eine Anschaffung als Kapitalanlage sowie den Kauf einer Ferienwohnung.

Marktentwicklung

„Krise am Immobilienmarkt“ oder „Bauaufträge brechen ein“ – Schlagzeilen wie diese beherrschten im Jahr 2023 die Berichterstattung über den Wohnsektor. Was war passiert? Zuvor hatten die Immobilienpreise in Deutschland jahrelang fast überall nur eine Richtung gekannt: Es ging steil nach oben.

Laut Statistischem Bundesamt haben sich die Preise für Ein- und Zweifamilienhäuser sowie Eigentumswohnungen zwischen 2010 und 2022 im Schnitt um etwa 94 Prozent erhöht.

Ein Hauptgrund dafür war das im selben Zeitraum stark sinkende allgemeine Zinsniveau. Zum einen wurden dadurch Immobilienkredite für vergleichsweise viele Menschen erschwinglich. Zum anderen warfen sichere Anlageprodukte wie Festgeld so gut wie keine Rendite ab. Viele Anleger entschieden sich daher für eine Immobilie als Geldanlage. Entsprechend war die Nachfrage – auch von professionellen Investoren – nach Wohnungen und Häusern sehr hoch, was die Preise zusehends ankurbelte. Dies machte sich vor allem in vielen Großstädten bemerkbar, in denen ohnehin ein Mangel an Wohnungen herrscht.

Auch die Corona-Pandemie in den Jahren 2020 und 2021 hielt den Preisanstieg nicht auf. Im Gegenteil: Noch mehr Menschen strebten in dieser unsicheren Zeit nach Sicherheit im eigenen Zuhause.

Erst die nächste, unmittelbar folgende globale Krise sorgte für eine Kehrtwende. Im Jahr 2022 kam es zu einem starken Anstieg der Energiepreise, ausgelöst durch den russischen Einmarsch in der Ukraine. Die Europäische Zentralbank (EZB) erhöhte daraufhin den Leitzins, um der Inflation entgegenzuwirken. All diese Faktoren sorgten für große Verwerfungen am Immobilienmarkt. Plötzlich waren Immobilienkredite, die man im Vorjahr noch beinahe geschenkt bekam, für viele Menschen unbezahlbar.

Die Nachfrage brach ein, die Angebotsseite musste nachziehen: Der Anstieg der Preise endete. In den meisten Städten und Regionen sind die Preise für Häuser und Wohnungen seit 2022 sogar gesunken. Das gilt besonders für energetisch veraltete Immobilien mit schlechter Dämmung oder Ölheizung. Im ersten Quartal 2024 kosteten Eigentumswohnungen in den sieben größten Städten Deutschlands im Schnitt 8,7 Prozent weniger als im dritten Quartal 2022.

Im Gegensatz dazu stiegen die Mieten in den Städten noch stärker an als bisher. Potenzielle Käufer, für die ein Immobilienkredit in weite Ferne gerückt war, drängten stattdessen in den Mietmarkt und erhöhten damit weiter den Druck.

Seit Frühjahr 2024 ist der zwischenzeitliche Preisrückgang vielerorts zunächst gestoppt. Experten gehen davon aus, dass die EZB den Leitzins nach der Zinssenkung im Juni 2024 in näherer Zukunft weiter senken könnte. Zudem herrscht in begehrten Städten und Regionen nach wie vor eine Knappheit an Wohnraum, was auf Dauer wieder für Preissteigerungen sprechen dürfte. Verschärft wird der Mangel durch stark gestiegene Baukosten. Ein derart rasanter Preisanstieg wie ab den 2010er-Jahren erscheint aber unwahrscheinlich – einen solchen hatte es auch in den vorangegangenen Jahrzehnten nicht annähernd gegeben.

Für Sie als möglichen Immobilienkäufer oder mögliche -käuferin hat die aktuelle Situation Vor- und Nachteile. Einerseits profitieren Sie von den gesunkenen Preisen und erhalten mehr Spielraum bei Verhandlungen. Andererseits sind die Kreditzinsen eben deutlich höher als noch vor einigen Jahren – und es herrscht mehr Unsicherheit über die Wertsteigerung von Immobilien.

Was kann ich mir leisten?

Mit dem geerbten Vermögen eröffnen sich auf dem Immobilienmarkt plötzlich Möglichkeiten. Wichtig: Kennen Sie all Ihre Kosten – und finden Sie Ihr realistisches Maximalbudget.

Eine Wohnung zu kaufen – oder gar ein ganzes Haus – ist sehr teuer. In der Regel ist der Immobilienkauf die größte Anschaffung im Leben. Für die allermeisten Menschen ist es unmöglich, mal eben mehrere Hunderttausend Euro aus eigener Tasche zu zahlen.

Im Normalfall ist das bei einem Immobilienkauf aber nicht nötig. Käuferinnen und Käufer begleichen nur einen Teil der Summe aus eigenen Mitteln. Dieses Eigenkapital stammt meist aus Ersparnissen – oder eben einer Erbschaft oder familiären Schenkung. Der Rest – meist der deutlich größere Anteil – wird bei einer Bank oder anderen Anbietern wie Lebensversicherern oder Bausparkassen geliehen und in den folgenden Jahren oder Jahrzehnten in monatlichen Raten zurückgezahlt. Der Kreditgeber erhält dafür entsprechende Zinsen.

Der Immobilienkredit

Die übliche Form eines Kredits für den Immobilienkauf ist das Annuitätendarlehen. Die zu zahlende Monatsrate an den Kreditgeber bleibt über die gesamte Laufzeit gleich. Das Verhältnis aus Rückzahlung (Tilgung) der Kreditsumme und Zinsen verändert sich. Mit sinkender Restschuld sinkt der zu zahlende Zinsanteil – gegen Ende der Laufzeit besteht die Rate fast nur noch aus Tilgung.

Längst nicht jeder ist in der Lage, eine Immobilie mithilfe eines Kredits zu erwerben. Auf der einen Seite muss das laufende Einkommen ausreichend hoch sein, um die monatliche Kreditrate stemmen zu können. Auf der anderen Seite benötigen Sie zum Zeitpunkt des Kaufs ein ausreichend hohes Eigenkapital. Genau an diesem Punkt zerplatzen aber viele Immobilienträume, weil die Ersparnisse nicht ausreichen.

Berechnung des Gesamtkaufpreises

Je nach Bundesland – und ob ein Makler am Geschäft beteiligt ist – können sich die Kaufnebenkosten auf zwischen fünf und bis zu 15 Prozent des Kaufpreises summieren. In jedem Fall entsteht so eine große Summe, die bei der Kalkulation des Kaufs mitbedacht werden muss.

Beispielrechnung: Gesamtkosten für ein Haus in Nordrhein-Westfalen

Reine Objektkosten: 500 000 Euro

Notarkosten (ca. 1 Prozent) = 5000 Euro
Grunderwerbssteuer (6,5 Prozent) = 32 500 Euro
Grundbuchkosten (ca. 0,5 Prozent) = 2500 Euro
Maklerkosten (Hälfte von 7,14 = 3,57 Prozent) = 17 850 Euro
Gesamte Kaufnebenkosten = 57 850 Euro

Gesamtkosten = 557 850 Euro

Diese Kaufnebenkosten sollten durch Ihr Eigenkapital gedeckt sein, da Banken für diese Summe selten einen Kredit gewähren. Bedenken Sie: Das Geld für die Kaufnebenkosten ist fort. Sie erhalten dafür keinen direkten Gegenwert. Wer die Immobilie nicht selbst bewohnt, sondern vermietet, kann sie allerdings steuerlich absetzen.

Warum ist Eigenkapital so wichtig?

Kurz gesagt: Je höher der Anteil an Eigenkapital am Kaufpreis, desto besser sind in der Regel die von der Bank für den Kredit gebotenen Konditionen. Aus Sicht der Bank ist das leicht nachvollziehbar: Als Sicherheit für die Kreditsumme lässt sich diese von Ihnen eine Grundschuld über diese Summe im Grundbuch eintragen. Und je kleiner die Grundschuld im Verhältnis zum Immobilienwert ist, desto sicherer kann sich die Bank sein, dass sie ihr Geld zurückbekommt.

Wenn Sie, zum Beispiel durch überraschende Arbeitslosigkeit, die monatlichen Kreditraten nicht mehr bezahlen können, müssen Sie unter Umständen die Immobilie verkaufen und aus dem Verkaufserlös Ihre restlichen Schulden – inklusive einer Zinsentschädigung für die Bank – begleichen. Im schlimmsten Fall kommt es zu einer Zwangsversteigerung.

Falls Sie den Kaufpreis voll auf Kredit finanziert haben, ist die Bank nun darauf angewiesen, dass ein hoher Verkaufspreis erzielt wird. Die Bank geht also ein Ausfallrisiko für den Fall ein, dass der Verkaufserlös nicht zur Rückzahlung der Kreditschulden reicht. Darauf lässt sie sich nur ein, wenn die Zinsen entsprechend hoch sind.

Umgekehrt würden auch Sie das hohe Risiko einer langfristigen Verschuldung eingehen, wenn Sie kein Eigenkapital einsetzen. Hinzu kommt, dass mit sinkendem Eigenkapitaleinsatz die Kreditrate steigt, die sie monatlich zu bedienen haben. Eine Vollfinanzierung ohne Eigenkapital ist daher im Normalfall nicht zu empfehlen – es sei denn, das monatliche Einkommen ist sehr hoch und langfristig gesichert.

Als Faustregel gilt: Mindestens 10 bis 20 Prozent des Kaufpreises und zusätzlich alle Nebenkosten sollten Sie aus Ihrem Eigenkapital stemmen können – je mehr, desto besser. Zu den Kaufnebenkosten gehören Grunderwerbssteuern, Maklerprovision sowie Grundbuch- und Notargebühren, die zwingend aus Eigenkapital finanziert werden sollten. Sie umfassen 5 bis 15 Prozent des Kaufpreises (siehe S. 103). 2024 brachten Immobilienkäufer laut Baufinanzierer Interhyp in Deutschland durchschnittlich rund 134 000 Euro Eigenkapital in die Finanzierung ein.

Bevor Sie das Projekt Immobilienkauf angehen, lohnt ein ausgeruhter Blick auf das eigene Eigenkapital.

Beispiel: Petra und Max. Die beiden haben unerwartet 150 000 Euro geerbt. Für ihre kleine Familie möchten Sie ein Einfamilienhaus kaufen, das für 500 000 Euro angeboten wird. Die Kaufnebenkosten können sie aus weiteren Ersparnissen decken. Das eingebrachte Eigenkapital ent-

Kaufnebenkosten im Überblick

Denken Sie bei der Festlegung Ihres Maximalbudgets immer an die Kaufnebenkosten, die mit noch einmal etwa zehn Prozent zusätzlich fällig werden.

Nicht immer ist potenziellen Immobilienkäufern bewusst, dass zum vereinbarten Kaufpreis noch sogenannte Kaufnebenkosten hinzukommen. Diese orientieren sich prozentual an der Kaufsumme und summieren sich schnell auf einen mittleren fünfstelligen Betrag.
Grob geschätzt können Sie von etwa zehn Prozent des eigentlichen Kaufpreises ausgehen, der durch die Kaufnebenkosten noch einmal obendrauf kommt. Würde die Immobilie zum Beispiel 500 000 Euro kosten, sollten Sie also mit etwa 550 000 Euro insgesamt rechnen.
Die Kaufnebenkosten setzen sich aus folgenden Punkten zusammen:

- **Grunderwerbssteuer:** Bei jedem Erwerb eines Grundstücks oder Grundstücksanteils fällt Grunderwerbssteuer an. Die Höhe dieser Steuer unterscheidet sich von Bundesland zu Bundesland. Sie schwankt zwischen derzeit 3,5 Prozent des Kaufpreises in Bayern und 6,5 Prozent in Nordrhein-Westfalen, Brandenburg, Schleswig-Holstein und dem Saarland.

- **Notarkosten:** Der Notar wird für seine Leistungen nach bundesweit einheitlichen Gebührensätzen bezahlt. Unter anderem erstellt und beurkundet er den Kaufvertrag und veranlasst meist die Eintragung einer Grundschuld im Grundbuch. In der Regel summieren sich die Gebühren, die das Notariat in Rechnung stellt, auf etwa ein Prozent des Kaufpreises.

- **Grundbuchkosten:** Eigentumsverhältnisse von Grundstücken und Immobilien werden im Grundbuch geregelt. Jede geänderte Eintragung in diesem beschränkt öffentlichen Register zieht eine Rechnung des Grundbuchamts nach sich. Die Gebühren belaufen sich bei einem Immobilienkauf meist auf etwa 0,5 Prozent des Kaufpreises.

- **Maklerkosten:** Oft – aber längst nicht immer – ist bei einem Immobilienkauf ein Makler beteiligt. Wechselt das Haus oder die Wohnung den Besitzer, dann wird eine Maklerprovision fällig. Im Regelfall wird diese zwischen Verkäufer und Käufer geteilt und beträgt dann in den meisten Bundesländern pro Partei 3,57 Prozent.

spricht dann genau 30 Prozent des Kaufpreises. Das sind gute Voraussetzungen für einen Kredit zu günstigen Konditionen über die fehlenden 350 000 Euro.

Beispiel: Anja. Sie hat kürzlich 60 000 Euro geerbt. Nun liebäugelt Sie mit dem Kauf einer größeren Eigentumswohnung in der Innenstadt für 400 000 Euro. Mit der geerbten Summe kann sie nach Abzug von etwa 40 000 Euro Nebenkosten gerade einmal 5 Prozent des Kaufpreises abdecken. Sie entscheidet sich daher, das Erbe zunächst anzulegen und vielleicht erst in einigen Jahren für einen Immobilienkauf zu nutzen.

Je weniger Eigenkapital, desto teurer wird es

Je nach Kaufpreis der Immobilie können bereits kleine Summen einen großen Unterschied machen. Haben Sie eine so hohe Summe geerbt, dass Sie eine Immobilie zu großen Teilen oder sogar komplett aus Eigenkapital bezahlen könnten? In der Regel ist es sinnvoll, wenn der Eigenkapitalanteil so hoch wie möglich ist.

Finanztest hat im Dezember 2023 die Kreditangebote von 43 Banken und Kreditvermittlern verglichen. Im Fall einer Vollfinanzierung (100 Prozent der Kaufsumme) verlangten die Anbieter einen durchschnittlichen Effektivzins von 5,17 Prozent. Das waren 0,65 Prozentpunkte mehr, als im Schnitt für die häufig gewählte 80-Prozent-Finanzierung fällig wurden. Ein solcher Zinsaufschlag kann auf lange Sicht Mehrkosten von mehreren Zehntausend Euro bedeuten.

Ein halber Prozentpunkt mehr mag auf den ersten Blick nicht gravierend aussehen – die Zinsen fallen jedoch nicht nur auf die zusätzliche Kreditsumme an, sondern auf das gesamte Darlehen.

Besonders teuer wird es, sobald die Kreditsumme 90 Prozent des Kaufpreises übersteigt: Nehmen Immobilienkäufer einen Kredit mit 20 Jahren Zinsbindung in Höhe des vollen Kaufpreises von 500 000 Euro auf, zahlen sie dafür im Schnitt fast 66 000 Euro mehr Zinsen als für einen Kredit in Höhe von 450 000 Euro. In Prozent umgerechnet: Für die 50 000 Euro, die sie im Vergleich zu einer 90-Prozent-Finanzierung zusätzlich benötigen, zahlen Käuferinnen und Käufer einen Effektivzins von mehr als 9 Prozent. So viel zahlt man sonst nur für einen ungesicherten Ratenkredit oder den Dispokredit auf dem Girokonto. Die Effektivzinsen für die letzten 50 000 Euro der Kreditsumme aus dem Beispiel sind also deutlich höher als die Zinsen für den Gesamtkredit. Mehr dazu unter test.de, Stichwort Vollfinanzierung, sowie Finanztest-Heft 12/2023.

Ihr Maximalbudget inklusive Kredit

Eigenkapital ist beim Immobilienkauf Trumpf. Mit Ihrem geerbten Vermögen eröffnen sich Ihnen daher nun ganz neue Möglichkeiten auf dem Immobilienmarkt. Doch welches Haus und welche Wohnung könnten Sie sich tatsächlich leisten? Bevor Sie sich auf die Suche nach konkreten Objekten machen, sollten Sie sich mit Ihrem Maximalbudget befassen. Dabei handelt es sich um die Obergrenze der Summe, die Sie – in Kombination von Eigenkapital und Kredit – in eine Immobilie investieren könnten, ohne sich zu übernehmen.

> **FAUSTREGEL: Die Kreditrate sollte in jedem Fall immer aus dem laufenden Einkommen gedeckt werden können. Die monatlichen Ausgaben für den Kredit sollten nicht mehr als 40 Prozent des monatlichen Haushaltsnettoeinkommens umfassen.**

Dieser Schritt ist wichtig, da Sie ansonsten Gefahr laufen, in Zukunft in finanzielle Schieflage zu geraten. Wenn Sie sich einen guten Überblick über Ihre Finanzen verschaffen und einige grundlegende Überlegungen anstellen, können Sie das Abenteuer Immobilie beruhigt angehen.

Neben dem zur Verfügung stehenden Eigenkapital spielen hierbei vor allem Ihre monatlichen Einnahmen und Ausgaben eine Rolle. Wie Sie sich davon sinnvollerweise ein Bild machen, haben Sie bereits im Kapitel „Finanzielle Bestandsaufnahme“, siehe S. 18, erfahren. Sie erstellen eine finanzielle Monatsbilanz und wissen, welcher Überschuss Ihnen monatlich zur Verfügung steht.

Diese Rechnung erweitern Sie nun: Wenn Sie eine Immobilie zur Selbstnutzung kaufen, ändert sich in Zukunft einiges auf Ihrer Ausgabenseite. Bisher waren Sie Mieterin oder Mieter. Die Miete fällt für Sie nun weg. Bedenken Sie aber, dass Sie auch im zukünftigen Eigenheim monatliche Kosten für Strom, Wärme, Wasser oder Müllentsorgung haben werden. Hinzu kommen neue Ausgaben für eine Wohngebäudeversicherung, die Grundsteuer oder Verwaltungskosten. Einen weiteren großen Posten bilden die Sanierungskosten, wenn das Haus nicht gerade erst in den letzten Jahren gebaut wurde.

Pro Quadratmeter Wohnfläche und pro Monat sollten Sie mindestens 4 Euro an sogenannten Bewirtschaftungskosten rechnen. Bei höherem Modernisierungsbedarf sollten Sie einen weiteren Euro oder mehr einplanen. Bei einem Eigenheim mit 100 Quadratmetern kommen Sie also schon auf 400 bis 500 Euro im Monat.

Berücksichtigen Sie auch, ob zusätzlich große Sanierungsvorhaben wie eine komplett neue Heizungsanlage oder die Erneuerung der Hauselektrik absehbar anstehen. Allein eine neue Heizung kann 30 000 Euro kosten, wobei staatliche Förderungen die Kosten abmildern können. Das aktualisierte Gebäudeenergiegesetz (kurz GEG) definiert viele Unterstützungsmöglichkeiten.

Für die Zukunft können Sie demnach folgendermaßen rechnen: Die bisherige Miete inklusive der Nebenkosten steht Ihnen neu zur Verfügung. Addieren Sie dazu die Summe, die Sie schon bisher monatlich sparen konnten. Bislang ist diese vielleicht auf Spar- beziehungsweise Anlagekonten geflossen. Wenn Sie nun die Bewirtschaftungskosten für die neue Immobilie abziehen, bleibt ein Betrag übrig, den Sie monatlich maximal für die Kreditrate aufbringen könnten. Diese maximale monatliche Kreditrate können Sie mit dem Hauspreis-Rechner von Finanztest (test.de, Stichworte „Rechner Eigenheimfinanzierung") ermitteln. Je höher Ihre Tilgungsrate, desto kürzer kann Ihre Laufzeit ausfallen und desto günstiger sind unter Umständen Ihre Zinskonditionen.

Anhand dieser Rate bestimmt der Rechner den maximal stemmbaren Kaufpreis einer Immobilie. Dazu tragen Sie zusätzlich ein, wie viel Eigenkapital Sie investieren können und möchten, nach wie vielen Jahren Sie spätestens schuldenfrei sein wollen und welchen Zinssatz Sie erwarten. Sie erhalten dann ein Gesamtbudget, das sich aus Eigenkapital und Kreditsumme zusammensetzt – und von dem noch die Kaufnebenkosten abgezogen werden.

Vermindert sich Ihr Eigenkapitalanteil, verschlechtern sich wahrscheinlich entsprechend die Zinskonditionen – und die maximal stemmbare Kreditsumme würde entsprechend geringer ausfallen. Umgekehrt wirkt sich jede Erhöhung des Eigenkapitals positiv auf Ihre Kalkulation aus.

Faktoren für den Kredit

Auf der Suche nach dem für Sie idealen Immobilienkredit werden Sie auf einen wahren Dschungel verschiedener Angebote stoßen. Eine der wichtigsten Fragen betrifft die Dauer der Zinsbindung.

Tilgungsumfang und -dauer: Besonders viel Sicherheit verspricht ein sogenanntes Volltilgerdarlehen, dessen Konditionen bis zur restlosen Tilgung festgeschrieben sind. Das bedeutet: Am Ende der Zinsbindungsfrist – zum Beispiel nach 25 Jahren – sind Sie dann schuldenfrei. Diese Sicherheit lässt sich der Kreditgeber mit relativ hohen Zinsen vergüten.

Preissteigerungen bei Einfamilienhäusern

Die Immobilienpreise sind in den zurückliegenden Jahren stark gestiegen. Zwar fielen sie seit 2022 leicht, verbleiben jedoch auf einem hohen Niveau. Der Preisindex zeigt: Ein Einfamilienhaus, das 2016 300 000 Euro Wert war, hätte 2019 bereits 30 Prozent mehr gekostet. 2022 hätte es im Vergleich – rein auf den Preisindex bezogen – bereits einen 83 Prozent höheren Wert gehabt.

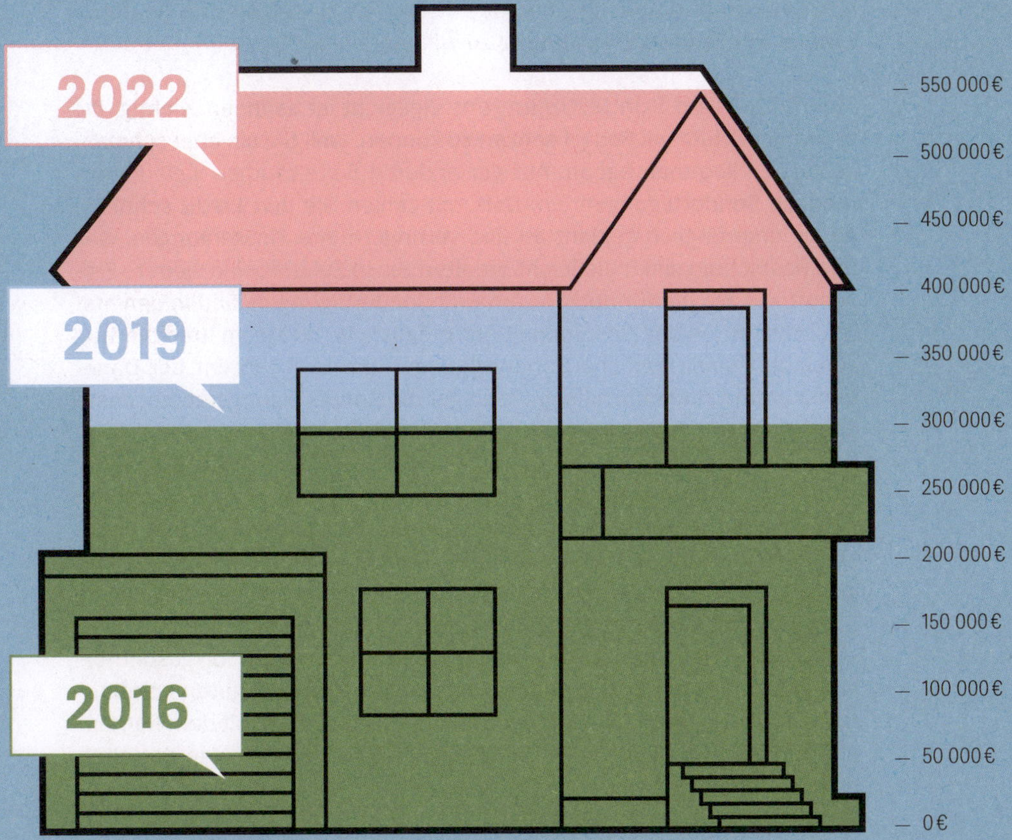

Quelle: Statistisches Bundesamt (Destatis), 2024

Alternativ können Sie sich zu günstigeren Konditionen zunächst für eine kürzere Bindungszeit entscheiden. Nach deren Ablauf werden Sie für die dann noch verbliebenen Schulden eine sogenannte Anschlussfinanzierung benötigen. Dabei könnten Sie durch eine Umschuldung auch mit der übrig gebliebenen Summe zu einem neuen Kreditgeber wechseln. Häufig binden sich Kreditnehmer zunächst für zehn oder 15 Jahre. Die Wahl der richtigen Zinsbindungsfrist hängt entscheidend vom aktuellen Zinsniveau ab. Allgemein gilt: Bei einem niedrigen Zinsniveau empfiehlt sich eine lange Laufzeit, bei einem hohen Zinsniveau eine kurze. Betrachtet man die vergangenen Jahrzehnte, liegen die Zinsen derzeit (2024) im mittleren Bereich. Auch wenn die Zinsen seit 2022 stark angestiegen sind, liegen sie noch immer unter dem langjährigen Durchschnitt vor Beginn der Niedrigzinsphase in den 2010er-Jahren. Natürlich könnten Sie auf eine weitere Niedrigzinsphase in der Zukunft spekulieren. Finanztest empfiehlt aber, auf Sicherheit zu setzen und heute im Zweifel eine längere Zinsbindung zu wählen.

Flexibilität und Sondertilgungen: Vielleicht ist es Ihnen wichtig, die monatliche Rate bei Bedarf senken zu können, weil Sie ein eher schwankendes Einkommen haben. Auf der anderen Seite räumen viele Kreditmodelle Sondertilgungen ein. Dadurch zahlen Sie den Kredit schneller ab als ursprünglich geplant ab und verringern Ihre Zinszahlungen, weil Ihre Restschuld sinkt. Vielleicht erhalten Sie in Zukunft eine weitere Erbschaft, die Sie hierfür nutzen können? Sondertilgungen sind in den ersten zehn Jahren der Zinsbindung nur möglich, wenn sie im Kreditvertrag vereinbart sind. Jährliche Sondertilgungen bis zu 5 Prozent der Darlehenssumme sind üblich. Je großzügiger die Sondertilgungsrechte, desto eher verlangen die Banken dafür einen Zinsaufschlag.

Alter und Einkommen: Die Zinskonditionen hängen auch von Ihren persönlichen Einkommensverhältnissen ab. Wer unbefristet fest angestellt ist und gut verdient, hat gute Chancen, erfolgreich über einen günstigeren Zinssatz zu verhandeln. Auch Ihr Alter spielt eine Rolle. Viele über 50-jährige Menschen haben einiges an Vermögen angespart. Oder sie erben – wie in Ihrem Fall – eine größere Summe. Ein fortgeschrittenes Alter muss daher kein Hindernis für einen Kredit zu guten Konditionen sein. Dagegen sinken Ihre monatlichen Einnahmen mit dem Renteneintritt wahrscheinlich. Viele Immobilienkredite sind daher so gestaltet, dass sie spätestens zum Eintritt in die Rente abbezahlt sind. Eine Voraussetzung für die Kreditvergabe ist das aber nicht.

BESTEHENDER KREDIT: Besitzen Sie bereits eine Immobilie und haben einen entsprechenden Kreditvertrag abgeschlossen? Dann besteht die Option, vertraglich vereinbarte Sondertilgungen zu nutzen oder das Darlehen ganz aufzulösen. Stammt der Kredit aber aus der langjährigen Niedrigzinsphase, könnte es günstiger sein, Ihr Geld in andere Anlageformen zu investieren. Die Sondertilgung würde sich nur dann lohnen, wenn eine alternative sichere Rendite nach Steuern geringer wäre als der Effektivzins des Darlehens. Beispiel: Wenn Sie beim Darlehen nur 1 Prozent Zinsen zahlen, auf einem Tagesgeldkonto aber 3 Prozent Zinsen erhalten könnten, lohnt sich die Sondertilgung nicht.

Auswahl des Kreditgebers

Nachdem Sie die für Sie maximal stemmbare Kreditsumme bestimmt und sich Gedanken über die für Sie ideale Laufzeit gemacht haben, sollten Sie verschiedene Angebote einholen. Neben regionalen Filialbanken stehen für Sie Kreditvermittler wie Dr. Klein oder Interhyp bereit. Diese können auf die Konditionen vieler Anbieter zugreifen. Die Zinsunterschiede zwischen Angeboten mit gleichen Kernmerkmalen können groß sein. Prüfen Sie die Konditionen in Ruhe und zu Hause.

Auf ein erfolgreiches Kreditgespräch sollten Sie sich gut vorbereiten. Holen Sie sich von mehreren Instituten Angebote ein. Prüfen Sie, ob alles wirklich Ihren Vorgaben entspricht. Nur dann sind die Angebote wirklich vergleichbar. Achten Sie beim Vergleich nicht nur auf den Zinssatz, sondern auch auf die Option zur flexiblen Rückzahlung.

Wenn Sie die Grundlagen der Finanzierung verstanden und im Vorfeld schon verschiedene Anbieter verglichen haben – im Internet oder durch einige Testanrufe bei Banken – sind Sie gut gerüstet. Hilfreich im Gespräch ist eine Unterlagenmappe mit Belegen zu Ihrem Einkommen und dem Eigenkapital. Denken Sie in jedem Fall daran, genau zu erfragen, mit wie viel zusätzlichem Eigenkapital Sie einen noch günstigeren Kredit erhalten könnten. Vielleicht geht es nur um relativ geringe Summen und Sie könnten diese noch auftreiben – etwa durch Darlehen aus dem Familienkreis oder zusätzliche vorgezogene Erbschaften.

Nutzen Sie zur Vorbereitung unsere Untersuchung inklusive der kostenlosen Checkliste zur Gesprächsvorbereitung online unter test.de, Stichwort „Praxistest Beratungsgespräch" oder lesen Sie den Artikel in Finanztest-Heft 2/2023.

Im Februar 2024 untersuchten unsere Expertinnen und Experten von Finanztest die Bedingungen und Finanzierungsangebote von den 81 Banken, die für das Baufinanzierungsgeschäft relevant sind: 29 überregionale und 24 regionale Banken, Sparkassen, Volksbanken, Sparda und PSD Banken, 18 meist überregionale Kreditvermittler, 3 Bausparkassen und 7 Versicherungen.

Eine Finanzierung von 80 Prozent des Kaufpreises kostete bei zehn Jahren Zinsbindung am Stichtag 1. Februar 2024 im Schnitt 3,55 Prozent effektiv. Eine Zinsbindung über 20 Jahre gab es für durchschnittlich 3,91 Prozent.

Der Vergleich machte deutlich, wie sehr sich die Suche nach einem günstigen Anbieter lohnt. Kaufwillige können im Extremfall mehrere Zehntausend Euro sparen. Mehr dazu erfahren Sie online unter test.de/baukredit sowie in Finanztest-Heft 4/2024.

Fördermöglichkeiten

Prüfen sollten Sie zudem, welche Fördermöglichkeiten für Sie infrage kommen. Die wichtigste Anlaufstelle ist die Förderbank KfW. Die im Jahr 1948 gegründete „Kreditanstalt für Wiederaufbau" fördert im öffentlichen Auftrag der Bundesregierung unter anderem zahlreiche Projekte rund ums Bauen und Wohnen. Interessant sind die Förderprogramme zum Neubau oder Erwerb von Wohnimmobilien sowie zur energieeffizienten Sanierung von Gebäuden.

KfW-Förderprodukte gibt es in mehreren Formen: Zum einen als Kredit zu attraktiven Konditionen, zum anderen als direkt ausgezahlten Zuschuss. Einige Kredite erhalten Sie mit einem Tilgungszuschuss – hier müssen Sie den Kreditbetrag nicht vollständig zurückzahlen.

Speziell an Familien, die klimafreundliche Immobilien kaufen oder bauen möchten, richtet sich das KfW-Produkt „Wohneigentum für Familien (300)", das seit dem 1. März 2024 aufgelegt wird. Sind die Voraussetzungen erfüllt, müssen Familien hier selbst bei einer Zinsbindung von 20 Jahren weniger als 3 Prozent Zinsen zahlen. Wichtig: Die KfW-Förderungen müssen Sie in der Regel beantragen, bevor Sie einen Bau- oder Kaufvertrag unterschrieben haben.

Beachten Sie, dass die Fördertöpfe gedeckelt sind – es kam schon vor, dass am Jahresende keine Anträge mehr angenommen wurden. Alle Informationen hierzu finden Sie auf kfw.de.

Förderangebote für energieeffiziente Sanierungsmaßnahmen gibt es zudem über das Bundesamt für Wirtschaft und Ausfuhrkontrolle (Bafa, bafa.de, Stichworte: „Bundesförderung für effiziente Gebäude").

Bei der Planung Ihrer Finanzierung sollten Sie sich bei der KfW und der Bafa erkundigen, welche Förderungen aktuell zur Verfügung stehen. Beide Institutionen bieten individuelle telefonische Beratungen an. Bundesländer, Gemeinden, Kirchen und weitere Institutionen bieten ebenfalls Förderprogramme an – eine umfassende Recherche kann sich lohnen.

Mieten oder kaufen?

Ein Immobilienkauf zur Selbstnutzung ist verlockend – lohnt sich aber auch bei einem größeren Vermögen nicht in jedem Fall. Spielen Sie für die Grundsatzentscheidung verschiedene Zukunftsszenarien durch.

Sie spielen mit dem Gedanken, Ihr geerbtes Vermögen in den Kauf einer Immobilie zu investieren? Falls Sie schon lange von Wohneigentum träumen, möchten Sie dieses wahrscheinlich selbst nutzen. Wenn Sie bisher Mieterin oder Mieter waren, sollten Sie nun eine Grundsatzfrage für sich beantworten: Was passt besser zu Ihnen und Ihren Zukunftsplänen – möchten Sie weiterhin mieten oder künftig im Wohneigentum leben?

Über die Frage, ob man sich aus finanziellen Gründen vom Mieterdasein verabschieden sollte, wird oft leidenschaftlich diskutiert. Schnell hören Sie dabei Argumente wie diese: „Die Miete ist rausgeschmissenes Geld. Statt selbst Vermögen aufzubauen, wirtschaftet man dem Vermieter in die Tasche."

Das klingt zunächst logisch –und tatsächlich dient Wohneigentum dem langfristigen Vermögensaufbau. Sie sollten aber bedenken, dass Sie für die Miete einiges an Gegenleistung erhalten. Sie erhalten ein Zuhause, ohne große Summen an Eigenkapital investieren und die Risiken eines Kredits sowie unvorhergesehener Sanierungskosten tragen zu müssen. Viele potenzielle Käufer unterschätzen den regelmäßigen Instandhaltungsaufwand eines Eigenheims.

Zudem können Sie das Eigenkapital sowie die monatliche Sparrate, die Sie nicht in einen Immobilienkauf investieren, stattdessen anderweitig anlegen. Zum Beispiel in Tagesgeld und ETF, indem Sie die im dritten Kapitel beschriebene Strategie des Pantoffel-Portfolios von Finanztest anwenden (siehe S. 37).

Viele Variablen begutachten

All diese Punkte – und viele weitere Variablen – müssen Sie für einen fairen finanziellen Vergleich berücksichtigen. Kaufen kann gegenüber Mieten der bessere Weg zum Vermögensaufbau sein – das ist aber längst nicht immer der Fall.

Mit dem Finanztest-Rechner auf test.de (Stichworte: „Rechner mieten kaufen") können Sie ermitteln, ob Sie als Mieter oder Käufer einer Immobilie günstiger fahren und dabei unterschiedliche Szenarien berücksichtigen. Der Rechner berücksichtigt den Kaufpreis und die Kaufnebenkosten der Immobilie sowie die Jahresmiete eines vergleichbaren Objekts, die zu erwartende Wertsteigerung der Immobilie sowie die zu erwartende Mietsteigerung des Vergleichsobjekts, die Instandhaltungskosten der Immobilie pro Jahr, die Höhe des investierten Eigenkapitals sowie des Zins- und Tilgungssatzes für den Kredit und den zu erwartenden Zinssatz für eine alternative Geldanlage. Einige dieser Werte, wie etwa die zu erwartende Wertsteigerung der Immobilie, sind natürlich schwer vorauszusehen. Eher konservative langfristige Werte liegen zwischen 1 und 2 Prozent. Sie sollten hier – wie bei der zu erwartenden Rendite einer Alternativanlage – verschiedene Szenarien einmal durchspielen.

Ein Vorteil des Mieters: Er oder sie kann die Geldanlage breiter streuen als ein Käufer, der sein komplettes Vermögen auf die eine Karte „Immobilie" setzt. Andererseits führt der Abschluss eines Immobilienkredits psychologisch gesehen oft dazu, dass Käufer sich stärker zum Sparen zwingen, während Mieter geringere Beträge in ihre Geldanlage stecken. Der Rechner geht davon aus, dass Käufer und Mieter mit der exakt gleichen Vermögenssituation starten – und dass der Mieter seine Geldanlage diszipliniert betreibt.

Im Ergebnis erhalten Sie eine Auswertung über die Entwicklung der Vermögen. Schon kleine Änderungen bei den Annahmen können das Endergebnis massiv beeinflussen. In vielen realistischen Modellrechnungen ergibt sich für Käufer erst nach Zeiträumen von 20 oder 30 Jahren ein Vermögensvorteil. Gegenüber Mietern müssen diese in den ersten Jahren der Kreditrückzahlung meist erhebliche monatliche Mehrbelastungen stemmen.

Kaufpreis-Miete-Verhältnis

Nehmen wir an, eine 50-Quadratmeter-Eigentumswohnung kostete 200 000 Euro. Eine Mietwohnung gleicher Größe und Ausstattung würde in dieser Lage 700 Euro kalt kosten – 8400 Euro im Jahr. Der Kaufpreis geteilt durch die Jahresnettokaltmiete ergibt ein Verhältnis von 23,8.

Eine oft gehörte Faustregel besagt, dass eine Immobilie ab einem Verhältnis von 25 als relativ teuer gilt. Dies kann aber nur eine grobe Orientierung sein und sagt allein noch nicht viel aus. Es hängt sehr vom jeweiligen Standort ab. In einer strukturschwachen Region wäre ein Verhältnis von 25 angemessen bis teuer – in Berlin oder München ein Schnäppchen.

Miet- und Wertsteigerungen

Die Wertentwicklung Ihrer gekauften Immobilie ist entscheidend dafür, ob Sie monetär auf lange Sicht besser fahren als das fortgesetzte Wohnen zur Miete. Diese Entwicklung ist schwer vorherzusehen. Einen Hinweis können Prognosen über die Bevölkerungsentwicklung geben – manche Regionen gewinnen, andere verlieren an Einwohnern. Innerhalb von Städten können Bauprojekte das Image eines Viertels verändern.

In der großen Finanztest-Datenbank können Sie die Preise für Eigentumswohnungen und Einfamilienhäuser abrufen sowie für Neuvertragsmieten in allen 400 Kreisen und kreisfreien Städten in Deutschland – differenziert nach Lage und Ausstattung. Angezeigt wird außerdem das örtliche Kaufpreis-Miete-Verhältnis. Alle Details erfahren Sie online unter test.de/immobilienpreise sowie in Finanztest-Heft 8/2024.

Barrierefreiheit im Alter und emotionale Faktoren

Häufig steht hinter einem Immobilienkauf der Wunsch nach einem Eigenheim – bis ins hohe Alter. Die Eigentumswohnung oder das Haus können ein wichtiger Baustein der Altersvorsorge sein, wenn der Kredit bis zum Renteneintritt abbezahlt ist und dann nur noch die Bewirtschaftungskosten auftreten. Die Immobilie sollte dann aber fürs Alter geeignet sein. Ein zu großes oder nicht barrierefreies Haus ist in dieser Lebensphase wenig sinnvoll. Auch ständig anstehende Sanierungsarbeiten in einem alten Haus trüben den Ruhestand.

Und abseits des Finanziellen? Natürlich ist ein Immobilienkauf eine emotionale Angelegenheit. Viele Menschen reizt allein das gute Gefühl, in den eigenen vier Wänden zu leben und keine Angst vor Kündigungen oder Mieterhöhungen haben zu müssen. Eine Kündigung wegen Eigenbedarfs ist in Mietwohnungen nie auszuschließen – und in den meisten Fällen rechtens.

Im Eigenheim ist meist die Motivation höher, viel Energie und Kreativität in eine schöne Gestaltung zu stecken. Und wenn Reparaturen oder sonstige Veränderungen anstehen, entscheiden Sie dies einfach in Eigenregie, ohne sich mit dem Vermieter herumzuschlagen. Dafür müssen Sie dies aber selbst zahlen und organisieren.

Einen großen Vorteil haben Sie als Mieterin oder Mieter: Sie sind deutlich flexibler in Ihrer Lebensplanung. Sie möchten einen neuen Job in einer anderen Stadt antreten? Sie benötigen als Paar eine größere Wohnung, weil Sie Nachwuchs erwarten? Dann können Sie jederzeit kündigen und umziehen. Eine Wohnung oder ein Haus zu verkaufen und den Kredit aufzulösen oder umzuschulden, ist sehr viel aufwendiger. Zudem führt es oft zu finanziellen Verlusten, ein Eigenheim schon nach wenigen Jahren wieder zu veräußern.

Vermieter werden

Sie möchten nicht selbst einziehen, sondern die Immobilie als Kapitalanlage nutzen? Ein paar finanzielle Spielregeln verändern sich. Kalkulieren Sie sorgfältig, mit welcher Rendite Sie rechnen können.

Die bisherigen Betrachtungen setzten bei dem häufigsten Fall an: Menschen kaufen Wohneigentum, um selbst darin zu leben. Doch bei größeren Vermögen denken Sie vielleicht darüber nach, eine Immobilie als Kapitalanlage zu kaufen. Die Motive unterscheiden sich: Möchten Sie Ihr Kapital nutzen, um langfristig laufende Einnahmen zu generieren? Oder schaffen Sie sich eine Wohnung an, um diese irgendwann in der Zukunft einmal selbst zu nutzen – entweder für sich oder zum Beispiel für Ihre Kinder?

Wenn Sie eine Immobilie kaufen möchten, um diese – zunächst – zu vermieten, sind einige finanzielle und rechtliche Besonderheiten zu beachten. Wenn Sie nicht planen, die Immobilie jetzt oder später selbst zu nutzen, dient diese allein der Kapitalanlage und muss eine gute Rendite abwerfen. Abseits von emotionalen Faktoren müssen Sie eine solche

Anschaffung also mit anderen Anlageformen vergleichen – etwa einem Pantoffel-Portfolio.

Der Kauf einer Immobilie als Kapitalanlage ist eine langfristige Geldanlage, bei der Sie von den regelmäßigen Einnahmen durch Mietzahlungen sowie einer Wertsteigerung des Objekts profitieren möchten. Dafür müssen Sie Eigenkapital einsetzen und die Kreditrate bedienen.

Wichtig ist dabei erneut das Kaufpreis-Miete-Verhältnis. Nur wenn die Kaufsumme in einem angemessenen Verhältnis zur erzielbaren Miete steht, ist eine gute Rendite zu erwarten. Bedenken Sie, dass Sie auf die eingenommene Miete Steuern zahlen müssen. Im Gegenzug können Sie die mit der Immobilie verbundenen Ausgaben – vor allem Zinsen, Reparaturkosten und die Abschreibung der Anschaffungskosten – steuerlich geltend machen. Zudem können Sie die meisten Nebenkosten auf die Mieter umlegen – dazu zählen verbrauchsabhängige Wohnkosten sowie die Grundsteuer und Beiträge für die Gebäudeversicherung. Instandhaltungs- und Verwaltungskosten sind dagegen nicht umlegbar.

Die Nettomietrendite gibt an, wie viel Prozent der Investitionskosten (Kaufpreis und Kaufnebenkosten) über die Nettojahresmiete (Miete gekürzt um nicht umlagefähige Verwaltungs- und Instandhaltungskosten) wieder zurückfließen: Mindestens 2,5 Prozent sollten es sein. Bei weniger als 2 Prozent müssten Sie auf hohe Wert- und Mietsteigerungen in der Zukunft hoffen, damit sich das Investment rechnet. Finanzierungszinsen und Steuern sind dabei noch gar nicht berücksichtigt.

Beispielrechnung: Ermittlung der Nettojahresmiete

500 000 Euro Kaufpreis + 50 000 Euro Kaufnebenkosten
(550 000 Euro / 100) x 2,5 = 13 750 Euro
Die Nettojahresmiete sollte mindestens 13 750 Euro betragen.

Besonders lukrativ ist eine Immobilie als Kapitalanlage natürlich dann, wenn sich der Standort sehr positiv entwickelt und Sie das Objekt zum Beispiel nach 15 Jahren zu einem deutlich höheren Preis wieder verkaufen könnten. Doch dafür müssen Sie Geduld mitbringen. Gerade bei der erwarteten Wertsteigerung sollten Sie mit vorsichtigen Annahmen rechnen – sonst wird Ihr Investment schnell zur spekulativen Anlage.

Bei einem Verkauf nach weniger als zehn Jahren steigert bei vermieteten Immobilien der erzielte Gewinn Ihr Einkommen. Damit müssen Sie den Überschuss mit Ihrem Einkommenssteuersatz versteuern, der in einem Jahr mit einem lukrativen Immobiliengeschäft schnell in die Höhe schnellt. Umgangssprachlich wird von der Spekulationssteuer gesprochen. Gewinne nach dieser Frist sind steuerfrei.

Wichtig mit Blick auf die Zukunft ist zudem der Energiestandard des Gebäudes. Bestehende und neue Gesetze wie zuletzt das Gebäudeenergiegesetz (GEG) wirken sich deutlich auf den Preis und die Höhe anstehender Modernisierungsmaßnahmen aus.

NEBENJOB VERMIETER: Bedenken Sie, dass eine Immobilie mehr Arbeit macht als eine Geldanlage per Wertpapierdepot. Sie müssen sich um Belange der Mieter kümmern und tragen das Risiko eines Mietausfalls. Ist die Immobilie beim Kauf schon vermietet, übernehmen Sie meist die bisherigen Mieter und deren Vertrag. Sie sollten diese vor dem Kauf also persönlich kennenlernen.

Eigenkapital bei Kauf als Kapitalanlage

Während es bei der Selbstnutzung immer ratsam ist, möglichst viel Eigenkapital einzusetzen, gilt das in bestimmten Fällen nicht bei Immobilien, die Sie vermieten wollen.

Der entscheidende Unterschied: Ein vermietetes Objekt generiert im Gegensatz zur selbst genutzten Immobilie Einnahmen. Im Idealfall sind diese mit der Immobilie erwirtschafteten Gewinne – die Mieteinnahmen abzüglich nicht umlegbarer Kosten – nach Steuern höher als die Zinskosten für den Kredit nach Steuern. Mit einem höheren Einsatz von Fremdkapital steigt dann die Rendite an – wenn Sie das zusätzliche „fremde“ Geld weniger kostet, als Sie damit einnehmen. Steuervorteile können dabei begünstigend wirken, denn als Vermieter können Sie Ihre Zinsausgaben steuerlich absetzen.

Umgekehrt gilt aber: Sind die Gewinne niedriger als die Zinskosten, sinkt die Rendite mit einem höheren Einsatz von Fremdkapital. Das ist rechnerisch häufig der Fall: Denn wenn Sie weniger Eigenkapital einsetzen, gewährt Ihnen der Kreditgeber in aller Regel auch schlechtere Zinskonditionen.

Hinzu kommt: Selbst wenn die Rechnung auf dem Papier aufgeht, bleiben in der Realität große Unsicherheiten. So kann es etwa zu Mietausfällen bis hin zu Rechtsstreitigkeiten kommen – oder die Instandhaltungskosten entwickeln sich deutlich höher als gedacht. Insbesondere eine Finanzierung ganz ohne Eigenkapital ist daher hochriskant und nicht empfehlenswert.

Ferienimmobilien

Träumen Sie davon, mit Ihrem neuen Vermögen ein Ferienhaus oder eine Ferienwohnung zu kaufen? Um die Immobilie als Kapitalanlage zu nutzen – und vielleicht von Zeit zu Zeit selbst dort Urlaub am Meer oder in den Bergen zu machen? Die Vorstellung mag verlockend sein, doch auch hier muss die Kalkulation stimmen.

Die große Unbekannte bei Ferienimmobilien ist die Auslastung. Zwar wird die erzielbare Miete pro Tag gerechnet deutlich höher sein als bei einem normalen Mietobjekt. Dafür gibt es in der Regel längere Leerstandszeiten, vor allem in der Nebensaison. Oft liegt die Auslastung bei etwa 50 Prozent. Hinweise können Sie bei örtlichen Tourismusverbänden oder Buchungsportalen erhalten.

Entscheidend für eine solche Immobilie ist die Lage. Je gefragter eine Region ist und je mehr Freizeitmöglichkeiten es im direkten Umfeld gibt, desto größer sind die Chancen auf eine gute Auslastung. Es kommt aber auch darauf an, wie groß die Konkurrenz an Ferienwohnungen im jeweiligen Ort ist. In populären Touristenhochburgen können die Kaufpreise derart hoch sein, dass Sie kaum noch über Mieten hereingeholt werden.

Achten Sie vor dem Kauf unbedingt darauf, welche Nutzungsarten vorgesehen und erlaubt sind: In einigen Bebauungsplänen oder Eigentümergemeinschaften ist eine Ferienvermietung untersagt, umgekehrt kann in größeren Ferienanlagen dauerhafte Bewohnung ausgeschlossen sein.

> **EXTRA-AUSGABEN BEDENKEN: Wer die Nettomietrendite für eine Ferienimmobilie berechnet, muss bei den Investitionskosten zusätzlich die Ausstattung mitrechnen –meist ein fünfstelliger Betrag – und bei den laufenden Kosten den Vertrieb und die Betreuung berücksichtigen. Die prognostizierten Mieteinnahmen lassen sich anhand der erwarteten Auslastungsquote nur schätzen.**

Im Vergleich zu fest vermieteten Objekten entstehen Ihnen bei Ferienimmobilien zusätzliche Kosten: Sie müssen eine gute Möblierung und Ausstattung bereitstellen – und diese instand halten. Hinzu kommen Ausgaben für das Werben um Feriengäste und die Organisation rund um deren Aufenthalt. Bequem – aber meist teurer – ist dies bei Objekten in zentral verwalteten Ferienanlagen.

Die Investition in eine Ferienimmobilie ist also mit Risiken verbunden: Die Mieteinnahmen sind schwer kalkulierbar und die Wertsteigerung ist nicht sicher. Sie ist daher eher für Menschen geeignet, die viel Vermögen mitbringen und über ein hohes Eigenkapital von mindestens 40 oder 50 Prozent verfügen – auch deshalb, weil einige Banken gar keine Kredite für Ferienimmobilien vergeben. Der Kauf wäre dann nicht als sichere Anlage zu sehen, sondern als eher risikoreiche Investition für Liebhaber, die sich gern den Traum von der Ferienimmobilie erfüllen möchten.

Suche und Kaufprozess

Die Suche und der Prozess von der Unterschrift bis zur Übergabe kann viele Nerven kosten. Wichtig ist ein kühler Kopf – und eine kluge Strategie bei der Preisverhandlung.

Für den Immobilienkauf gilt: Lassen Sie sich nicht hetzen. Zwar ist es vor allem bei der Suche in begehrten Lagen ratsam, Verkäufer mit interessanten Angeboten schnell zu kontaktieren, bevor diese allzu viele Anfragen erhalten haben. Für die genaue Prüfung und erst recht den Kaufabschluss sollten Sie sich aber ausreichend Zeit nehmen.

Bevor Sie überhaupt in die Suchphase einsteigen, ist es sinnvoll, den jeweiligen lokalen Markt und dessen Preise über einen längeren Zeitraum zu beobachten und sich ein Bild zu machen.

Digitale Suche

Den umfassendsten Überblick bieten normalerweise Immobilienportale im Internet. Die derzeit größte Reichweite haben Immoscout24 sowie die fusionierten Portale Immowelt und Immonet. Auf solchen Portalen stellen Privatverkäufer und Makler ihre Angebote ein. Dabei betonen sie natürlich die Vorteile ihrer Objekte und kehren Nachteile beim Zustand oder der Ausstattung gern unter den Tisch.

Die in den Inseraten aufgerufenen Preise spiegeln zunächst nur die Vorstellungen der Verkäufer wider – ob das Haus oder die Wohnung später wirklich zu diesem Preis verkauft wird, ist völlig offen.

Mit Vorsicht zu genießen sind daher die auf den Portalen zu findenden durchschnittlichen Quadratmeterpreise für Stadtteile oder sogar einzelne Häuserblocks – auch deshalb, weil diese nicht das individuelle Objekt berücksichtigen können. Verschiedene Verbände und Institute veröffentlichen regelmäßig regionale Preisspiegel, etwa der Verband deutscher Pfandbriefbanken (vdp). Einen guten Überblick bieten meist die kostenpflichtigen Berichte lokaler Gutachterausschüsse, die echte Immobilienkaufverträge auswerten.

Geht es nun darum, konkrete Objekte in den Blick zu nehmen, können Sie sich auf den Portalen sogenannte Suchagenten mit ihren Vorstellungen einrichten lassen. Sie werden dann regelmäßig per Mail mit passenden Angeboten versorgt. Zudem lohnt ein Blick auf die von Privatverkäufern gern genutzten Kleinanzeigenportale. Und in sozialen Netzwerken gibt es oft regionale Gruppen für Immobilienangebote.

Analoge Suche

Vor allem ältere Eigentümer inserieren noch immer gern in Zeitungen. Und: Laufen Sie mit offenen Augen durch die Straßen – vielleicht entdecken Sie ja ein „Zu verkaufen"-Schild oder ein interessantes Neubauprojekt. Natürlich könnten Sie es mit einem Aushang im Supermarkt oder an der Laterne versuchen. Je individueller die Gestaltung – vielleicht mit einer persönlichen Zeichnung? – desto höher sind Ihre Chancen.

Suche über Makler

Bei der Suche und dem Kauf von Immobilien spielen in vielen Fällen Maklerinnen und Makler eine wichtige Rolle. Wurden Objekte von Maklern inseriert und vermittelt, kommen Sie bei Kaufabschluss nicht um eine Provision herum, die sich Verkäufer und Käufer in der Regel teilen.

Meist werden Makler von Verkäufern beauftragt. Sie könnten aber auch für Ihre Suche einen Makler in Anspruch nehmen. Ein Vorteil besteht darin, dass dieser Ihnen womöglich Immobilien vermitteln kann, die in den Portalen (noch) gar nicht auftauchen. Gerade in begehrten Lagen können Sie so Ihre Chancen erhöhen. Er kann Ihnen zudem Sucharbeit abnehmen und eine gewisse Sicherheit bieten. Unter Umständen haftet er nämlich für falsche Angaben zur Immobilie oder deren Zustand.

Dafür müssen Sie bei Kaufabschluss mit hohen Kosten rechnen. Wenn Sie als Käufer den Maklerauftrag erteilen, zahlen Sie bei erfolgreicher Vermittlung oft die volle Provision – je nach Bundesland können das mehr als 7 Prozent der Kaufsumme sein. Und Sie müssen sich klarmachen, dass ein Makler letztlich doch im eigenen wirtschaftlichen

Interesse handelt. Im Maklervertrag sollte in jedem Fall stehen, dass die Provision erst bei Kaufabschluss fällig wird. Zudem sollten Sie nie mehrere Makler wegen desselben Objekts kontaktieren. Sonst riskieren Sie, am Ende mehrmals eine Provision zahlen zu müssen.

Besichtigung vor dem Immobilienerwerb

Bei der Vorauswahl sollte zum einen entscheidend sein, ob eine Immobilie grundsätzlich in Ihr berechnetes Maximalbudget passt. Zum anderen sollten Sie Objekte mit für Sie relevanten No-Gos ausschließen – etwa, wenn eine Wohnung ein Zimmer zu wenig hat oder die Verkehrsanbindung für Sie unzureichend ist. Neben Fotos liefert der Grundriss im Inserat oder Makler-Exposé wichtige Informationen.

Der erste Schritt ist geschafft – nun geht es darum, sich ein möglichst umfassendes Bild von der Immobilie zu verschaffen. Vielleicht haben Sie sich schon beim Betrachten der Fotos im Inserat in Ihre vermeintliche Traumimmobilie verliebt. Doch besichtigen sollten Sie mit kritischem Blick. Es geht zunächst darum, wie das Objekt in der Realität wirkt: Wie viel Platz bietet die Küche wirklich? Wie viel Licht fällt ins Wohnzimmer? Dann sollten Sie mögliche Schäden und den Sanierungsbedarf im Blick haben. Der Verkäufer haftet nämlich später nicht für Schäden, die bei einer Begehung erkennbar gewesen wären. Achten Sie zum Beispiel auf sichtbare Risse in Wänden oder Decken, Schimmelflecken oder eine morsch wirkende Holzverkleidung.

Vor allem bei der ersten Besichtigung sollten Sie auch darauf achten, wie Sie auf die Verkäuferin oder den Verkäufer wirken. Wenn Sie direkt mit einer Zange oder Wasserwaage hantieren, kann dies anstrengend und unsympathisch wirken. Im Idealfall können Sie zu diesem Zeitpunkt bereits eine Finanzierungszusage Ihrer Bank vorweisen. Mit dem Dokument bescheinigt Ihnen das Finanzinstitut, dass Sie eine bestimmte Kaufsumme dank Ihrer Mischung aus Vermögen, Einkommen und einem ergänzenden Kredit stemmen können.

Wenn Sie einen zweiten Besichtigungstermin erhalten, können Sie davon ausgehen, in der engeren Wahl zu sein. Jetzt ist der richtige Zeitpunkt für eine fachkundige Begleitung. Experten wie Bausachverständige oder Architekten werden die Immobilie noch einmal mit anderen Augen sehen und können entscheidende Hinweise liefern – etwa auf Sanierungsbedarf bei Heizung und Elektrik.

Kurzgutachten mit der Marktpreiseinschätzung einer Immobilie sind oft schon für etwa 500 Euro erhältlich, ausführliche Gutachten können deutlich teurer sein. Doch kann Expertise eine gute Investition sein. Fragen Sie nach wichtigen Dokumenten wie dem Energieausweis, denn der liefert Daten zur Energieeffizienz eines Gebäudes. Bei Eigentumswohnungen sind Protokolle der letzten Eigentümerversammlungen interessant; sie können Hinweise auf mögliche bauliche Probleme oder schwelende Konflikte im Haus liefern.

Die Preisfrage

Eine Preisverhandlung läuft in einem persönlichen Gespräch mit dem Verkäufer oder dem Makler, für das Sie sich vorher gute Argumente zurechtlegen sollten. Dabei kommt es Ihnen zugute, wenn Sie die Wohnung oder das Haus gewissenhaft besichtigt und auch einen Experten zurate gezogen haben.

Ob eine Verhandlung überhaupt möglich ist, hängt stark von der jeweiligen Nachfrage ab. Bei sehr begehrten Objekten wird den Zuschlag vielleicht jemand anderes erhalten, wenn Sie zu sehr pokern.

Generell ist der Verhandlungsspielraum jedoch wieder gestiegen. Verkäufer treffen oft auf weniger Interessenten als noch vor einigen Jahren – und längst nicht alle Anbieter haben ihre Preise an die neue Situation angepasst. Gerade bei energetisch nicht optimalen Immobilien mit schlechter Dämmung oder veralteter Heizung sind die aufgerufenen Preise oft nicht mehr angemessen.

VORSICHT BEI ZWANGSVERSTEIGERUNGEN: Der vagen Chance auf ein Schnäppchen stehen viele Risiken gegenüber. Oft ist vor der Versteigerung keine Besichtigung der Immobilie möglich. Einziger Anhaltspunkt ist das Verkehrswertgutachten des Amtsgerichts sowie ein Exposé. Für unerfahrene Immobilienkäufer ist dies nicht zu empfehlen.

Am besten argumentieren Sie für einen Preisnachlass, indem Sie vorhandene Mängel oder veraltete Technik möglichst konkret benennen und diese direkt mit den für Sie zu erwartenden Sanierungskosten verbinden. Kaum möglich sind Preisverhandlungen bei einem Neubau – zumindest altersbedingte Mängel kann es hier schließlich nicht geben.

Auf besonders heißen Immobilienmärkten sind einige Anbieter dazu übergegangen, eine Art Bieterverfahren für sich zu nutzen. Dies läuft ohne gesetzliche Regelung ab. Für Interessenten ist der Ablauf oft sehr unbefriedigend. Sie werden etwa aufgefordert, einen höheren Preis als das bisherige Höchstgebot zu nennen – oder sollen einen Betrag bieten, ohne die aktuellen Gebote der Konkurrenz zu kennen. Lassen Sie sich in einer solchen Versteigerung nicht darauf ein, Ihr Maximalbudget zu überschreiten.

Notar und Kaufvertrag

Bis eine Wohnung oder das Haus tatsächlich Ihnen gehört, können Monate vergehen. Zwischen Ihnen und dem Verkäufer steht eine dritte, unabhängige Instanz: Der Notar oder die Notarin.

Die Kosten für den Notar zahlt in Deutschland normalerweise die Käuferin oder der Käufer. Daher ist es üblich, dass die kaufende Partei einen Notar aussucht. Hören Sie sich gern im Bekanntenkreis nach einer Empfehlung um. Auskunft gibt ansonsten die örtliche Notarkammer. Finanziell gibt es keine Unterschiede: Die Höhe der Notargebühren bei einem Immobilienkauf ist bundesweit einheitlich geregelt.

Das Herzstück eines jeden Immobilienkaufs ist der Kaufvertrag. Solche Verträge sind viele Seiten lang und in komplexem Juristendeutsch geschrieben. In den Details gibt es Unterschiede je nach Notariat und den jeweiligen Absprachen der beteiligten Parteien. Ist ein Notar ausgewählt worden, wird dieser Daten anfordern und einen Vertragsentwurf aufsetzen.

Es ist wichtig, dass Sie vor der Unterschrift jede Passage gelesen sowie jede Zahl geprüft haben. Ist der Vertrag einmal unterschrieben, lässt er sich nur noch rückgängig machen, wenn beide Parteien zustimmen.

KEINE HAFTUNG: Bei Bestandsimmobilien wird im Vertrag üblicherweise ausgeschlossen, dass die Verkäuferin oder der Verkäufer für Sachmängel haftet – es sei denn, sie oder er hat diese gekannt und mit Absicht verschwiegen (Arglist). Eine solche Kenntnis später zu beweisen, kann aber sehr schwierig sein. Keinesfalls sollte im Vertrag stehen, dass die Immobilie frei von Mängeln ist, denn dann hätten Sie bei vertuschten Schäden gar keine Handhabe mehr.

Sofern Sie für den Kauf einen Kredit bei einer Bank aufnehmen, wird diese als Sicherheit die Eintragung einer Grundschuld im Grundbuch verlangen. Dies zu veranlassen, ist ebenfalls Aufgabe des Notars. Er benötigt dazu die Finanzierungsunterlagen Ihrer Bank.

Achten Sie darauf, dass die Unterzeichnung des Kreditvertrags bei der Bank sowie die des Kaufvertrags beim Notar zeitlich nah beieinander liegen. Schließlich ist es möglich, dass die verkaufende Partei den Termin noch kurzfristig platzen lässt – dann wäre es fatal, wenn Sie fest an das

Darlehen gebunden wären. Idealerweise unterschreiben Sie den Kreditvertrag erst nach dem Notartermin – oder nutzen im Notfall das 14-tägige Widerrufsrecht bei der Bank.

Am Tag der Unterzeichnung liest der Notar oder die Notarin den Kaufvertrag laut vor. Die Parteien dürfen unterbrechen, wenn sie noch etwas ändern möchten oder nicht verstanden haben. Grundsätzliches sollte aber zuvor geklärt worden sein, eine Nachverhandlung des Kaufpreises ist zu diesem Zeitpunkt nicht mehr angebracht.

Nach der Unterschrift

Der Notar wird im Grundbuch eine sogenannte Auflassungsvormerkung eintragen lassen. Diese bewirkt, dass die Immobilie nur noch an Sie verkauft werden kann. Wenn die Finanzierung gesichert ist, wird der Notar Sie auffordern, den Kaufpreis zu überweisen. In der Regel zahlen Sie Ihr Eigenkapital an den Verkäufer – gegebenenfalls müssen Sie zuvor also Ihr Pantoffel-Portfolio oder andere Anlagen auflösen. Die aufgenommene Kreditsumme wird in der Regel direkt von Ihrer Bank an den Verkäufer überwiesen. Häufig geht ein Teilbetrag an dessen Bank – nämlich dann, wenn im Grundbuch noch eine alte Grundschuld des Verkäufers stand. Innerhalb einer festgelegten Frist, zum Beispiel 14 Tage, müssen Sie nun bezahlen. Sonst werden Verzugszinsen fällig und der Verkäufer dürfte vom Kauf zurücktreten.

Einige Wochen nach dem Notartermin erhalten Sie eine Rechnung vom Finanzamt über die Grunderwerbssteuer. Wenn deren Eingang bestätigt ist, kann der Notar Sie rechtswirksam als Eigentümer oder Eigentümerin im Grundbuch eintragen. In der Regel dürfen Sie das Haus oder die Wohnung aber schon früher nutzen, nämlich am Tag des im Kaufvertrag festgelegten sogenannten wirtschaftlichen Übergangs. Dies kann zum Beispiel der Tag nach dem Eingang des Geldes sein.

Die finale Übergabe

Am Tag, an dem Sie die Schlüssel des Hauses oder der Wohnung erhalten, sollten Sie Ihr neues Heim noch einmal gemeinsam mit dem Verkäufer oder der Verkäuferin begehen. Sie können zudem einen Sachverständigen hinzuziehen. Nutzen Sie diese letzte Möglichkeit, etwaige Schäden in einem Übergabeprotokoll festzuhalten. Vielleicht war die Wohnung bei der letzten Besichtigung noch möbliert – und nun wird deutlich, dass der Kleiderschrank einen Schimmelbefall der Wand verdeckt hat. Besonders wichtig ist die Übergabe bei einem Neubau. Hier gibt es oft mehrere Abnahmetermine nach verschiedenen Bauphasen.

06

Vorsicht bei riskanten Geldanlagen

Reiz und Risiko

Sie sind auf der Suche nach besonderen Renditebringern? Es gibt endlose Möglichkeiten zur Geldanlage. Doch vieles spricht gegen exotische Produkte – höchstens ein Bruchteil Ihres Vermögens sollte hier zum Einsatz kommen.

Reizt Sie das Risiko? Dann atmen Sie bitte noch einmal durch. Sie kennen jetzt das Pantoffel-Portfolio, das Ihnen eine gute Balance aus Sicherheit und Wachstumschancen bietet. Sie kennen die Grundlagen der Immobilienfinanzierung, die Ihnen auf dem Weg zum Eigenheim helfen. Und Sie wissen über die Chancen und Risiken dieser Geldanlagen Bescheid.

Doch vielleicht schlummert in Ihnen ein Zocker-Gen? Womöglich reizt Sie der Nervenkitzel, bei der Geldanlage abseits ausgetretener Pfade zu wandeln und auf besonders hohe Zuwächse Ihres Vermögens zu spekulieren? Mit Ihrem Erbe stehen Ihnen theoretisch unzählige Möglichkeiten abseits regulierter Finanz- und Aktienmärkte offen. Viele der dortigen Anbieter werben um Menschen wie Sie: Anlegerinnen und Anleger, die Geld übrig haben – und bereit sind, ihr Kapital (oder Teile davon) in exotische Finanzprodukte zu stecken.

Die Grundregel der Geldanlage gilt hier aber umso mehr: Je höher die versprochene Rendite, desto höher ist das Verlustrisiko. Was zu gut klingt, um wahr zu sein, ist wahrscheinlich auch nicht wahr. Die Angebote liegen zum Teil sehr nah an der Grenze zu Abzocke und Betrug. Gleiches gilt für vermeintlich exklusive Angebote: Lassen Sie sich nie unter Druck setzen, überhastet in ein Anlageprodukt zu investieren, das angeblich nur Ihnen zugänglich ist.

Ob Rohstoffe, risikoreiche Einzelaktien, Kryptowährungen, Sachwerte oder Start-ups – Finanztest rät von den meisten der in diesem Kapitel vorgestellten Anlageprodukte ab. Zu der hohen Gefahr, sein Geld zu verlieren, gesellen sich darüber hinaus kompliziertere Anlagebedingungen, die für eher unerfahrene Sparerinnen und Sparer nur schwer zu überblicken sind.

FINANZTEST-WARNLISTE: Als grauer Kapitalmarkt werden Märkte bezeichnet, die nicht der Finanzmarktaufsicht unterliegen und damit deutlich weniger gesetzliche Anforderungen erfüllen müssen. Hier tummeln sich höchst spekulative Anlageformen bis hin zu Anbietern mit betrügerischen Absichten. Sie alle eint ein hohes Verlustrisiko. Finanztest aktualisiert monatlich eine Warnliste mit unseriösen Firmen und Finanzprodukten, die Sie kostenlos herunterladen können unter test.de/Warnliste-Geldanlage.

Die dringende Empfehlung in jedem Fall: Setzen Sie nur einen kleinen Teil Ihres Vermögens für diese Anlageformen ein, und zwar den Teil, auf den Sie in jedem Fall verzichten können. Experten raten selbst ambitionierten Anlegern, maximal 10 Prozent ihres Vermögens für solche Zwecke zu reservieren.

Rohstoffe

Der Markt an Rohstoffen ist vielfältig und lockt Investoren an. Gold kann eine Ergänzung fürs Depot sein – ist aber keine sichere Anlage.

Ob Gold, Kupfer oder Öl – Investitionen in Rohstoffe sind eine weitere Möglichkeit, über Aktien oder Zinsanlagen hinaus Vermögen anzulegen. Bei Edelmetallen wie Gold und Silber ist es sogar möglich, diese nach dem Erwerb in Form von Barren oder Münzen real bei sich zu Hause oder in einem Safe bei der Bank aufzubewahren. Weniger praktikabel dagegen lassen sich eine Tonne Kupfer oder mehrere Fässer Rohöl einlagern. Hier kaufen Anleger stattdessen Fonds oder Zertifikate, welche die Preisentwicklung des Rohstoffs abbilden – oder die Aktien von Unternehmen, die den Rohstoff gewinnen und handeln.

Doch lohnen sich solche Investitionen? Viele Rohstoffpreise bewegen sich in lang andauernden Wellen auf und ab – hinzu kommen kurzfristige Schwankungen. Vor allem bei Industriemetallen wie Kupfer und Energieträgern wie Erdgas hängt die Nachfrage von der Weltkonjunktur ab. Zu beachten sind langfristige Investitionszyklen: Wenn die Preise für einen

Rohstoff hoch sind, investieren Unternehmen etwa in neue Bergwerke. Dadurch steigt das Angebot und die Preise sinken auf Dauer wieder. Da viele Rohstoffe in Schwellen- und Entwicklungsländern vorkommen, spielen auch politische Risiken mit. Und: Direktinvestitionen in Rohstoffe bringen keine Zinsen oder Dividenden mit sich. Profitieren kann man nur von der Preisentwicklung.

Rohstoffe als Beimischung

Dass Öl und Gas teurer geworden sind, haben die meisten mit Blick auf die Heizkosten oder an der Tankstelle gemerkt. Anlegerinnen und Anleger können, sofern sie das nicht verwerflich finden, mit Rohstoff-ETF versuchen, die steigenden Preise für sich zu nutzen. Diese bilden die Preisentwicklung von Energie, Industrie- und Edelmetallen und wahlweise auch Agrarrohstoffen ab. Finanztest hat untersucht, wie sich die Beimischung eines Rohstoff-ETF im Depot auswirkt. Die Analyse hat ergeben, dass die Vorteile über längere Zeiträume eher überschaubar waren. Die Renditen waren meist niedriger als mit einem reinen Aktieninvestment.

Anlagen in Rohstoffe sind zudem für gewöhnlich kein gutes Investment im Sinne der Nachhaltigkeit. Der Abbau und die Förderung sowie die Verarbeitung und Nutzung sorgen für Umwelt- und Klimaschäden. Das gilt vor allem für fossile Energieträger wie Öl und Gas. Die Spekulation mit Lebensmitteln wie etwa Weizen ist zudem ethisch bedenklich. Einige Rohstofffonds berücksichtigen Nachhaltigkeitskriterien wie eine umwelt- und sozialverträglichere Gewinnung sowie den Einsatz von Recycling (siehe auch test.de/Rohstoff-ETF sowie Finanztest-Heft 3/2023).

Gold – eine glänzende Anlageidee?

Vor allem diesem Rohstoff eilt ein besonderer Ruf voraus: Bei Gold ist oft vom „sicheren Hafen" die Rede – es soll mit besonderer Wertbeständigkeit punkten. Tatsächlich ist das glänzende Edelmetall seit Jahrtausenden ein wichtiges Zahlungs- und Wertaufbewahrungsmittel. Ein Blick auf den Goldpreis verrät zudem, dass der Wert des Rohstoffs derzeit (Juli 2024) so hoch ist wie noch nie – mehr als 2000 Euro je Feinunze (etwa 31 Gramm).

Aus Sicht von Finanztest kann Gold eine sinnvolle Ergänzung für die Vermögensanlage sein. Allerdings sollte der Anteil nicht maximal 10 Prozent des investierten Gesamtvermögens überschreiten.

Dem Goldpreis wird nachgesagt, dass seine Entwicklung wenig mit der von Aktien korreliert oder sich sogar gegenläufig entwickelt. Ein Grund dafür sei, dass Anleger dazu neigen, sich gerade in wirtschaftlich unsicheren Zeiten von Aktien abzuwenden und stattdessen aufs vermeintlich beständige Gold zu setzen. In der Realität hat sich diese angenommene gegenläufige Bewegung aber oft nicht bestätigt.

Wer das Edelmetall dennoch in seine Geldanlage integrieren möchte, sollte das nur mit einem geringen prozentualen Anteil seines Gesamtvermögens tun. Sie könnten etwa in der ausgewogenen Variante (siehe „Das Pantoffel-Portfolio auf einen Blick", S. 42) eine Mischung von 50 Prozent Tagesgeld (Sicherheitsbaustein) sowie 40 Prozent Aktienfonds und 10 Prozent Gold (Renditebaustein) vornehmen.

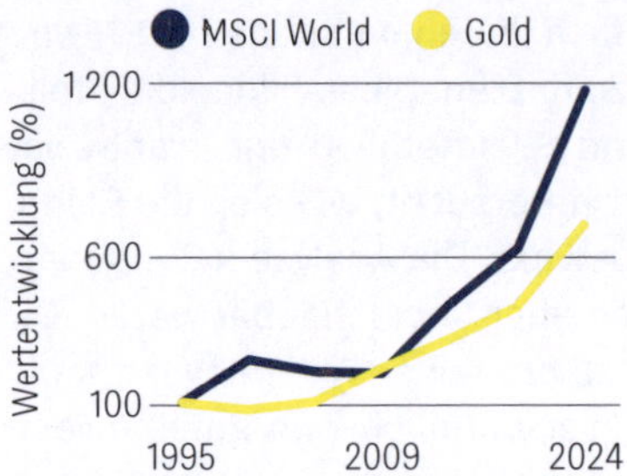

WELT SCHLÄGT GOLD: Auf lange Sicht blieb der Goldpreis deutlich hinter der Rendite des bekanntesten Aktien-ETF MSCI World. In der Vergangenheit taugte Gold also in den meisten Zeiträumen nicht als Renditebringer gegenüber Aktienfonds.

Keinesfalls sollte Gold daher den Sicherheitsbaustein ersetzen – obwohl viele Menschen es mit Sicherheit in Verbindung bringen. Gold ist keine sichere Anlage, auch wenn es sicherlich nie einen kompletten Wertverlust erleiden wird. Die Schwankungen im Preis sind aber erheblich – und Zins- oder Dividendenzahlungen gibt es ebenfalls nicht. Niemand kann vorhersagen, wie sich der Goldpreis in Zukunft entwickeln wird. Zudem ist Gold durch den aktuellen Höhenflug sehr teuer – ein Einstieg wäre eher in einer niedrigpreisigen Phase zu empfehlen.

Ein einfacher Weg, um in Gold zu investieren, führt über sogenannte Exchange Traded Commodities (ETC). Diese Wertpapiere sind mit physischem Gold hinterlegt und lassen sich unkompliziert ins Depot einbauen – ganz ähnlich zu einem ETF.

Alternativ ist es möglich, Barren und Münzen selbst aufzubewahren – dann benötigen Sie unter Umständen einen Tresor oder Safe zu Hause oder bei einer Bank. Sie können Goldbarren und -münzen in einer Bankfiliale oder einem Edelmetallhändler kaufen. Bei Anbietern sollten Sie die Seriosität genau prüfen. Ein gutes Zeichen ist eine Mitgliedschaft im Berufsverband des deutschen Münzhandels.

Anlagegold wird – im Gegensatz zu Schmuckgold – speziell für den Investitionszweck hergestellt. Je kleiner die Stückelung, desto teurer ist der Kauf physischen Goldes anteilig gesehen.

Aktien kaufen

Der große Gewinn mit einem einzelnen Wertpapier – darauf spekulieren viele. Doch nur selten gelingt es, den richtigen Treffer zu landen.

Je breiter Sie ihr Investment streuen, desto geringer ist in der Regel das Risiko. In Kapitel 3 haben Sie erfahren, wie Sie die Rendite von Aktien-ETF für sich nutzen, welche die Entwicklung von teilweise weit über 1000 Einzelaktien abbilden (siehe ab S. 49). Machen einzelne Aktien Verlust, gleichen Gewinnbringer das wieder aus.

Natürlich ist es aber möglich, nur in wenige oder gar nur eine einzige Aktie zu investieren – weil Sie genau an dieses Unternehmen glauben und sich von Ihrem Investment eine hohe Wertsteigerung erhoffen. Die richtige Aktie zum perfekten Zeitpunkt günstig einkaufen: Davon träumen nicht wenige. Doch das Risiko ist groß, dass Sie aufs falsche Pferd setzen und viel Geld verlieren.

Kaufen können Sie Einzelaktien ebenso wie ETF über ein Onlinewertpapierdepot. Die Kosten sind abhängig von der Höhe der Investition und der Häufigkeit der Transaktionen. Wer sehr oft Einzelaktien kaufen und verkaufen möchte, sollte auf niedrige Gebühren achten.

Kriterien für die Aktienauswahl

Die gezielte Investition in Einzelaktien wird Stock Picking (zu deutsch: Aktien-Auswahl) genannt. Ziel ist dabei, durch eine kluge Auswahl bessere Renditen als der Gesamtmarkt zu erzielen, also zum Beispiel die Rendite der wichtigsten ETF zu übertreffen. Interessanterweise erzielen selbst die absoluten Aktienprofis langfristig gesehen in den überwiegenden Fällen weniger Rendite als ein vergleichbarer passiver Index wie der MSCI World. Wenn Sie wenig Erfahrung haben, ist die Investition in Fonds – oder noch besser ETF – für Sie der bessere Weg.

Es gibt viele Kriterien, unter denen sich Investoren Ihre Aktien heraussuchen. Eine klassische ist das Kurs-Gewinn-Verhältnis (KGV), bei dem der Börsenkurs der Aktie dem Gewinn je Aktie gegenübergestellt wird. Je höher das KGV, desto teurer die Aktie (hoher Aktienkurs bei niedrigem Gewinn). Ein KGV unter einem Wert von 15 gilt gemeinhin als eher niedrig, ab etwa 25 gilt es als teuer. Die Beweiskraft dieser Kennzahl ist insofern begrenzt, da Gewinne nicht einfach in die Zukunft fortgeschrieben werden können. Und eine sehr günstige Aktie ist immer nur dann ein gutes Investment, wenn die Geschäftsidee der Firma zukünftige Gewinne erwarten lässt. Wer viel Geld auf eine Karte setzt, sollte sich intensiv mit der Branche und der jeweiligen Firmenstrategie beschäftigen. Das Kurs-Umsatz-Verhältnis (KUV) dagegen dient der Bewertung junger Unternehmen, die noch keine Gewinne oder gar Verlust machen. Es hilft dabei, solche Unternehmen mit ihren Konkurrenten zu vergleichen.

Ein weiteres Kriterium ist die in Prozent angegebene Dividendenrendite. Sie setzt die jährliche Gewinnausschüttung an die Aktionäre (Dividende) ins Verhältnis zum Aktienkurs des Unternehmens. Auch hier gilt: Es handelt sich stets um eine Momentaufnahme, da sich nur die Dividenden der Vergangenheit berücksichtigen lassen. Unternehmen können jederzeit entscheiden, die Dividendenzahlung zu stoppen.

Investment kopieren

Wenn Sie sich im Internet informieren, werden Sie schnell auf Empfehlungen zu bestimmten Einzelaktien stoßen. In diesem Zusammenhang ist vom „Social Trading" (deutsch: gemeinschaftlicher Börsenhandel) die Rede – darunter versteht man den Austausch von Informationen und Tipps zum Aktienmarkt zwischen Privatanlegern. Einige Nutzer veröffentlichen ihr komplettes Aktienportfolio, das dann wieder von anderen kommentiert werden kann.

Auf einigen Plattformen lassen sich die Portfolios anderer Nutzer automatisch mit einem gewünschten Investitionsbetrag nachbilden („Copy Trading"). Ebenso gibt es unzählige selbst ernannte Finanzexperten auf YouTube, TikTok, Instagram und anderen Social-Media-Kanälen.

Natürlich könnten Sie Glück haben und goldrichtig liegen, wenn Sie auf die Strategien eines bestimmten Nutzers vertrauen. Aber Sie wissen nie, welchen Hintergrund und welche Expertise diese Person hat. Denkbar wäre, dass Akteure bestimmte Kurse gezielt nach oben treiben möchten, um dann selbst von einem Verkauf zu profitieren – zum Beispiel, indem sie bewusst Falschinformationen verbreiten. Das wäre zwar illegale Marktmanipulation, kommt aber immer wieder vor.

Behalten Sie auch im Hinterkopf, wie die Algorithmen von Onlineplattformen und in sozialen Netzwerken funktionieren: Wenn Sie sich beispielsweise ein oder zwei Videos angeschaut haben, die eine bestimmte Einzelaktie empfehlen, werden Ihnen in der Folgezeit wahrscheinlich noch viele weitere Inhalte vorgeschlagen, welche eine ähnliche Meinung vertreten. So werden Sie in genau dieser Entscheidung immer weiter bestärkt, während Sie in Wirklichkeit nur einen sehr kleinen Ausschnitt der unzähligen Investitionsmöglichkeiten zugespielt bekommen.

Bitcoin und Co.

Kryptowährungen wie Bitcoin mischen seit vielen Jahren die Finanzmärkte auf. Kaum eine Form des Investments spaltet die Gemüter so sehr wie diese.

Wer sich mit alternativen Geldanlageformen beschäftigt, stößt unweigerlich auf Kryptowährungen wie den Bitcoin. Von der Idee her sind Kryptowährungen eine auf Programmiercode basierende Alternative zu klassischen Währungen wie Euro, Dollar oder Yen. Eine entscheidende Eigenschaft dieser Währungen ist, dass sie dezentral organisiert sind. Das geschieht über eine sogenannte Blockchain, an der unzählige Nutzer und Computer beteiligt sind.

Schnell ist die Rede von der Zukunft des weltweiten Bezahlens – und von gewaltigen Wertsteigerungen. Tatsächlich: Wer im Oktober 2009 für einen US-Dollar umgerechnet 1309 Bitcoin gekauft und diese 2024 wieder verkauft hätte, wäre zigfacher Millionär. Zwischen 2011 und 2021 stieg der Wert des Bitcoins von einem US-Dollar auf über 50 000. Seither gab es ein ständiges Auf und Ab, von zwischenzeitlich wieder unter 15 000 bis über 70 000 US-Dollar. Insgesamt ist der Bitcoin-Kurs im Vergleich zu traditionellen Anlagen extrem volatil. Teilweise gab es innerhalb eines einzigen Tages Schwankungen von mehr als 10 Prozent.

KLIMASÜNDER BITCOIN: Viele Kryptowährungen sind alles andere als nachhaltig. Grund ist der hohe Stromverbrauch für die benötigte Rechenleistung der Blockchain und eine entsprechend schädliche Klimawirkung. Laut einer Studie der Vereinten Nationen von 2023 benötigt allein das Bitcoinsystem pro Jahr mehr Strom als das Land Pakistan als Ganzes genommen (mit über 200 Millionen Einwohnern).

Die maximale Anzahl an Bitcoins ist auf 21 Millionen Stück begrenzt. Rein rechnerisch wird diese Zahl im Jahr 2140 erreicht. Anhänger der Kryptowährung sehen darin einen Vorteil, weil eine Inflation so vermieden wird – im Gegensatz zu echtem Geld, das immer wieder neu gedruckt werden kann. Viele sehen es zudem als großen Vorteil an, von staatlichen Institutionen sowie Banken unabhängig zu sein. Transaktionen lassen sich oft anonym abwickeln. Das schützt die Privatsphäre der Nutzer, macht die Kryptowährungen aber auch für Kriminelle attraktiv.

Die Nachteile sind vielfältig. Bitcoin stehen keine gesicherten Werte gegenüber. Klassisches Geld wird von Zentralbanken verwaltet und reguliert, die bei Bedarf die Geldmenge erhöhen oder senken können. Der Wert eines Bitcoin ergibt sich nur aus den Erwartungen der Nutzer und deren Vertrauen in das gemeinsame Netzwerk. Dazu kommt das ständige Risiko eines plötzlichen Wertverfalls.

Die Zahl der Onlineshops, die Bitcoin als Zahlungsmittel akzeptieren, steigt. Ein gesetzliches Zahlungsmittel ist er allerdings nur in El Salvador in Mittelamerika – und auch dort nutzt ihn nur ein kleiner Teil der Bevölkerung. Welche Rolle die Kryptowährung für den globalen Zahlungsverkehr einmal spielen könnte, ist völlig unklar. Der heutige Wert des Bitcoins ergibt sich vor allem aus der Spekulation der Investoren auf Gewinne.

Wenn Sie in Bitcoin oder andere Kryptowährungen investieren, müssen Sie bereit sein, derartige Schwankungen und das denkbare Szenario eines Totalverlusts auszuhalten. Ob es auf lange Sicht weiter nach oben geht, ist ungewiss. Dem gegenüber steht die Chance auf höhere Gewinne als am klassischen Finanzmarkt. Wenn Sie Kryptowährungen länger als ein Jahr halten, sind etwaige Gewinne steuerfrei. Bei einer kürzeren Haltedauer ist ein Gewinn von 1000 Euro oder mehr steuerpflichtig.

Finanztest rät von größeren Investitionen in Kryptowährungen ab. Auch weil sich beim Bitcoin gezeigt hat, dass dieser, anders als von vielen Fans erhofft, gegenüber globalen Krisen wie dem Beginn des russischen Angriffskriegs im Jahr 2022 nicht resistent ist.

Ein noch höheres Risiko gehen Sie bei weniger verbreiteten oder ganz neuen Kryptowährungen ein. Im Kryptosektor tummeln sich viele Kriminelle, welche das unregulierte Umfeld etwa für Geldwäsche und Steuerbetrug nutzen.

BITCOIN-ETF ALS ALTERNATIVE? In den USA wurden Anfang 2024 die ersten Bitcoin-ETF genehmigt, die es Anlegern einfacher machen sollen, die Kursentwicklung mitzuverfolgen. In Deutschland sind solche Produkte nicht zugelassen, da sie nicht ausreichend diversifizieren. Handelbar sind hierzulande Anlagezertifikate wie ETC (Exchange Traded Commodities) oder ETN (Exchange Traded Notes) auf Kryptowährungen. Das Risiko ist hoch: Geht der Anbieter pleite, haben Sie keinen Anspruch auf Ihre Bitcoins.

Auf und Ab des Bitcoin

Traumrenditen und böse Verluste – das liegt bei Kryptowährungen oft allzu nah beieinander. Hierin sollten Anlegerinnen und Anleger nur kleinste prozentuale Anteile Ihres Gesamtportfolios investieren – und sich darüber im Klaren sein, dass alles bis zum Totalverlust möglich ist.

Allein im Jahr 2022:
minus 75 %.

Im Sommer 2024 verkaufte Sachsen **50 000** aus kriminellen Geschäften beschlagnahmte Bitcoins für **2,64 Mrd. €.**

Am 22. Mai 2010 fand der erste Kauf mit Bitcoin statt: **10 000 Bitcoin** für **zwei Pizzen.**

Im Zeitraum von 2019 bis 2024:
plus 1500 %

Im Zeitraum von 2023 bis 2024:
plus 240 %

Quelle: Eigene Berechnungen, Werte gerundet; Stand: 6. August 2024

Wenn Sie Kryptowährungen kaufen, sollten Sie das bei einem seriösen Krypto-Broker mit Lizenz der Bundesanstalt für Finanzdienstleistungsaufsicht (Bafin) tun. Wichtig anschließend: die richtige Aufbewahrung des Kryptogeldes. Es wird in sogenannten Wallets (elektronischen Geldbörsen) gespeichert, die mit einem privaten Schlüsselcode geschützt sind. Diese Wallets können virtuell sein (Hot Wallet) und befinden sich dann als Datei auf dem eigenen Computer oder Smartphone. Alternativ gibt es Handelsplattformen für Kryptowährungen, die dort eine Art Konto anbieten – nicht immer verfügt man dort aber tatsächlich über sein Kryptogeld. Eine sichere, aber aufwendigere Alternative sind sogenannte Cold Wallets: Hier geschieht die Speicherung etwa auf einem USB-Stick oder sogar ausgedruckt auf Papier.

Investieren in Start-ups

Ihr Vermögen macht Sie für junge Unternehmen auf der Suche nach Kapital interessant. Eine Beteiligung ist reizvoll – doch sind die Risiken sehr hoch.

Sie haben das Geld, andere haben gute Ideen? Vielleicht kommt es Ihnen dann in den Sinn, einen Teil Ihres Vermögens in junge Unternehmen und frischgebackene Gründerinnen oder Gründer zu stecken. Diesen Finanzierungsweg wählen insbesondere Start-ups.

Sie unterscheiden sich in der Regel durch einige Merkmale von gewöhnlichen Unternehmensgründungen. Erstens ist ihr Produkt oder ihre Dienstleistung meist technisch ausgerichtet – es geht beispielsweise eher um Software als um eine Buchhandlung. Zweitens ist schnelles Wachstum anvisiert, für das hohe Anfangsinvestitionen nötig sind – Ziel sind weltweite Märkte, nicht die Erweiterung um eine zweite Filiale.

Das hoffnungsvolle Kalkül: Wer sich sehr früh an einem erfolgreichen Start-up beteiligt, kann sein eingesetztes Kapital vervielfachen. Es gibt zwei populäre Wege, solche jungen Unternehmen zu unterstützen. Beide sind hochriskant – der Totalverlust des eingesetzten Kapitals ist ein realistisches Szenario.

Crowdfunding

Ein Schwarm an Kapitalgebern, die ambitionierte Gründungen oder Projekte unterstützen: Das ist das Prinzip des sogenannten Crowdinvestments oder Crowdfundings. Viele Anlegerinnen und Anleger stellen Unternehmen über Crowdfunding-Plattformen kleinere oder größere Beträge zur Verfügung – und profitieren vom Erfolg der Investments. So läuft es zumindest in der Theorie. Crowdfunding soll Unternehmen Kapital beschaffen, die professionellen Risikokapitalgebern und Kreditinstituten zu jung, klein und ungewöhnlich sind.

Meistens läuft es so: Initiatoren stellen Projekte auf speziellen Crowdfunding-Plattformen im Internet vor. Sie nennen die Summe, die sie brauchen, und den Zeitraum, in dem potenzielle Unterstützerinnen und Unterstützer ihnen Geld zusagen können. Manchmal reichen schon 10 Euro, um dabei zu sein. Wird das Mindestziel bei der Schwarmfinanzierung nicht erreicht, bekommen die Unterstützer ihr Geld zurück. Ansonsten gibt es eine Verzinsung, die entweder jährlich oder am Ende der vereinbarten Laufzeit zurückgezahlt wird.

Bei Crowdfundings leihen Sie einem Unternehmen gewöhnlich Geld. Sie tragen hohe Risiken, haben aber in der Regel keine Mitspracherechte und können nicht einfach vor Ende der Laufzeit aussteigen. Geht ein Unternehmen pleite, haben die Schwarmfinanzierer schlechte Karten, wenn sie aufgrund einer sogenannten qualifizierten Nachrangabrede im Rang hinter anderen Gläubigern stehen. In einem Insolvenzverfahren können sie ihre Forderungen erst anmelden, wenn alle erstrangigen Gläubiger voraussichtlich vollständig bedient werden. Meist ist für die Crowd dann nichts mehr da.

Daher gilt: Schon eine drohende Insolvenz kann dazu führen, dass Sie leer ausgehen. Investieren Sie nur so viel, wie Sie als Totalverlust verkraften könnten. Verlassen Sie sich nicht darauf, dass die Plattformen gute Projekte auswählen. Machen Sie sich so gut es geht ein eigenes Bild, indem Sie sich die Webseiten oder Geschäftsberichte anschauen.

Direktbeteiligung

Wer sich ohne Umweg an einem Start-up beteiligen will, kann „Business Angel" werden. So nennt man Investoren in ganz frühen Unternehmensphasen. Sie sollen einem Start-up mit ihrem Geld, ihrem Erfahrungswissen und ihren Kontakten Flügel verleihen. Das ist in frühen Phasen mit fünfstelligen Summen möglich, häufig im Zusammenschluss mit anderen Business Angels. Doch gehen Sie mit größter Vorsicht vor. Business-Angels-Verbände raten, höchstens 10 Prozent des eigenen Vermögens in diese hochriskante Anlageklasse zu stecken. Und dieses Geld sollte man im Idealfall noch auf fünf oder besser zehn verschiedene Gründungen aufteilen – um das Risiko zumindest ein wenig auf verschiedene Start-up-Schultern zu verteilen.

Als Business Angel stellen Sie Geld zur Verfügung und erhalten dafür einen ausgehandelten Prozentsatz der Anteile an dem Unternehmen. Verhandelt wird dafür über die Bewertung eines Start-ups, das ist so etwas wie der erhoffte Verkaufspreis oder potenzielle Börsenwert einer Firma. Wenn die Bewertung bei 500 000 Euro liegt, müssen Sie 50 000 Euro mitbringen, um 10 Prozent der Anteile zu erhalten.

Wenn die Bewertung über die Jahre wächst, steigt der Wert Ihrer Anteile. Nach oben ist das mögliche Wachstum nicht begrenzt. Doch das gilt in der Theorie, schließlich muss das Start-up erst einmal einen Käufer finden. Zudem werden Ihre Anteile mit folgenden Finanzierungsrunden meist verwässert. Wer am Anfang 10 Prozent der Firma hielt, hat fünf Jahre später vielleicht nur noch 1 Prozent – aber diesen kleineren Anteil halten Sie im besten Fall eben an einer stark im Wert gestiegenen Firma. Wird die Firma für 20 Millionen Euro verkauft, ist Ihr Anteil 200 000 Euro wert.

Bedenken Sie jedoch: Ihr Kapital ist in der Beteiligung für viele Jahre gebunden, ohne dass Sie über das Geld verfügen oder es anderweitig anlegen können. Außerdem ist Ihr Geld komplett weg, wenn das Start-up pleitegeht – was statistisch gesehen sogar eher die Regel statt die Ausnahme ist. Denn zunächst werden bei einer Insolvenz ausstehende Gehälter oder Kredite zurückgezahlt, dann wird das übrig gebliebene Eigenkapital verteilt. Das Risiko, dass ein junges Unternehmen scheitert, ist sehr hoch.

Falls Sie diesen riskanten Weg gehen, prüfen Sie mögliche Investitionen so genau wie möglich. Oft fehlt es in frühen Phasen an belastbaren Verkaufs- oder anderen Kennzahlen. Nehmen Sie daher die Gründerinnen und Gründer in den Blick – wie viel Ehrgeiz, Kreativität und Durchhaltevermögen trauen Sie ihnen zu? Fragen Sie sich: Können Sie einem Gründerteam mit mehr als Ihrem Geld aushelfen, etwa mit Ihrem beruflichen Netzwerk oder einer Expertise in Technik oder Vertrieb? Und vor allem: Haben Sie Lust, sich zumindest für einige Zeit intensiv mit dem Start-up zu befassen?

Riskantes Crowdfunding

Investition mit hohem Risiko: Von 2015 bis einschließlich 2022 waren 2760 Crowdfunding-Angebote mit insgesamt gut 2 Milliarden Euro Volumen in Form von Vermögensanlagen für den Vertrieb über Crowdfunding-Plattformen vorgesehen. Bis Ende Oktober 2023 waren insgesamt 255 der Gesellschaften insolvent. Nach unserem Untersuchungsstichtag meldeten weitere Unternehmen Insolvenz an. Das Insolvenzvolumen betrug 2023 damit insgesamt mehr als 50 Millionen Euro.

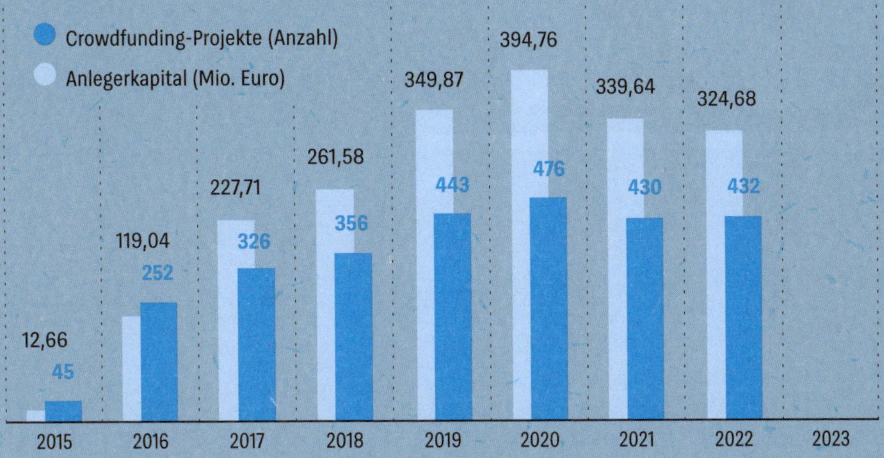

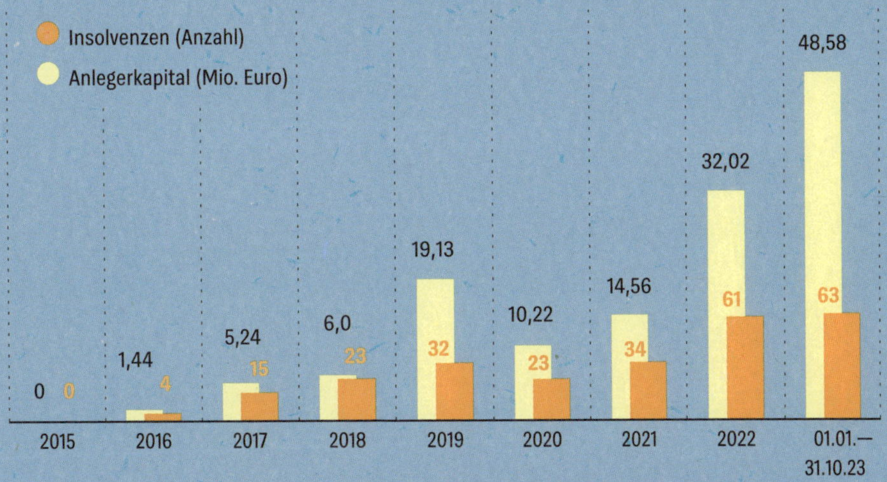

Quellen: Eigene Erhebungen, Projekte: Bafin, Insolvenzen: Insolvenzbekanntmachungen.de und Datenbanken, Stand: 31. Oktober 2023

07

Was das Vermögen verändert

Vermögen vererben und verschenken

Der Vermögenszuwachs ist ein guter Anlass, um sich Fragen abseits der Geldanlage zu stellen. Manche Schritte sind dabei unbedingt notwendig – andere in jedem Fall sinnvoll.

Das neu erstandene Vermögen verändert Sie nicht. Doch es verändert Ihr Leben – zumindest ein wenig. Aus den vorherigen Kapiteln wissen Sie nun, auf welche Arten Sie die größere Summe so anlegen können, dass kleinere und größere Wünsche realisierbar sind. Die folgenden Seiten zeigen Ihnen, auf welche anderen Themenfelder im Alltag das Geld einen Einfluss hat oder zumindest haben könnte.

Nicht alle dieser Themen müssen Sie zwingend abarbeiten, nicht alle werden für Sie relevant sein. Einige Tipps und Hinweise sind zeitlich nicht drängend, können aber im Lauf der kommenden Jahre relevant werden. Daher ergibt es Sinn, jeden Block kurz auf mögliche Auswirkungen für sich oder die eigene Familie zu überprüfen.

Freibeträge beachten

Der wichtige Blick voraus: Klären Sie, ob, wann und wie Sie Familie und Freunde an Ihrem Vermögen beteiligen wollen. Das nimmt Ihren engsten Vertrauten viel Stress – und vielleicht einige Steuerbelastung.

Laut Statistischem Bundesamt wurden im Jahr 2023 mehr als 60 Milliarden Euro durch Schenkungen übertragen, die über der Freibetragsgrenze lagen. Wenn auch Sie Ihr Vermögen nicht ausschließlich für sich behalten, sondern Familie, Verwandte oder Freunde mitbedenken möchten, geht das vor allem über zwei Wege: Bei Schenkungen geben Sie zu Lebzeiten Geld weiter, beim Erbe erfolgt die Weitergabe Ihres Vermögens nach Ihrem Tod.

Der Volksmund unterscheidet manchmal die Weitergabe mit der „warmen Hand" von der mit der „kalten Hand". Doch die grundlegenden Bedingungen rund um die Vermögensübertragung sind vor und nach dem Tod ähnlich. Besonders relevant ist die Frage nach den steuerlichen Freibeträgen: Abhängig von der Summe und vom Verwandtschaftsverhältnis müssen Erben oder Beschenkte bei Beträgen oberhalb dieser Grenze Steuern zahlen. Zwischen Schenkung und Erbschaft bestehen jedoch leicht unterschiedliche Freibetragsgrenzen (siehe S. 142).

Eine frühzeitige Überlegung, ob, wie und wann Vermögen verteilt werden soll, hilft daher. Wollen Sie Ihre Kinder beispielsweise mit einer größeren Summe ausstatten, damit diese ein Immobilienprojekt angehen können? Oder wollen Sie ohnehin das Geld im Sinne des Erblassers innerhalb der Familie verteilen? Dann ist eine Schenkung ein sinnvoller Weg.

FRÜHER ÜBERTRAG ZAHLT SICH AUS: Übertragen Sie Ihr Vermögen an noch nicht berufstätige Kinder, sind künftige Kapitalerträge für diese unter Umständen steuerfrei. Zunächst wird der für alle Bürger geltende persönliche Sparerpauschbetrag von 1000 Euro pro Jahr und Person ausgeschöpft. Bei höheren Erträgen können Sie für den Nachwuchs eine Nichtveranlagungsbescheinigung („NV") beantragen. Die wird ausgestellt, solange das zu versteuernde Einkommen des Kindes unter dem steuerlichen Grundfreibetrag von 11604 Euro im Jahr 2024 liegt. Sie selbst dürfen das Geld dann nicht für Ihre persönlichen Zwecke nutzen.

Steuerliche Aspekte

Je größer die verschenkten Vermögenswerte sind, desto sinnvoller kann eine Steuerberatung sein. Einige Punkte können Sie aber selbst durchdenken:

10-Jahres-Frist bei Freibeträgen: Freibeträge können alle zehn Jahre neu ausgeschöpft werden. Wer also hohe sechs- oder gar siebenstellige Summen besitzt und früh damit beginnt, seinen Kindern Geld oder andere Vermögenswerte zu übertragen, der bewahrt seine Nachkommen im besten Fall vor einer Erbschaftssteuerzahlung im Todesfall. Dieser Schritt sollte jedoch gut überlegt sein: Schenkungen lassen sich nur in wenigen Ausnahmefällen wieder zurückfordern.

Kettenschenkung: Eine Alternative kann sein, das Vermögen mehrstufig innerhalb der Familie zu verteilen. Erbt ein Ehepartner, wird die erhaltene Summe dem sogenannten „privilegierten Anfangsvermögen" zugerechnet – der andere Partner hat daher keinen Anspruch darauf. Um das

Vermögen möglichst ohne Steuerlast an die nächste Generation weiterzugeben, wäre zum Beispiel zunächst eine Teilschenkung von Ehefrau an Ehemann denkbar. Im Anschluss geben beide eine Summe an die Kinder weiter – diese profitieren dabei zwei Mal von den hohen Freibeträgen, die pro Elternteil gelten. Die Abfolge dieser Kettenschenkung darf nicht schriftlich oder anderweitig festgehalten werden. Sie muss von jeder Person aus freien Stücken erfolgen. Aus diesem Grund sollte zudem ein gewisser zeitlicher Abstand zwischen beiden Schenkungen liegen. All das erfordert Grundvertrauen zwischen allen Beteiligten.

Ablauf einer Schenkung

Sie verfügen frei über Ihr Vermögen. Das heißt, Sie können jederzeit beliebige Beträge oder Vermögensgegenstände weitergeben. Das umfasst die Banküberweisung ebenso wie die Übergabe eines Autos oder eines Schmuckstückes. Theoretisch müssten Sie den oder die Beschenkten vorher nicht einmal informieren. Denkbar sind auf der anderen Seite Schenkungsverträge, in denen Ablauf und Rahmenbedingungen schriftlich festgehalten werden.

Eine Vorbereitung ist relevant, wenn Freibeträge überschritten werden. Theoretisch können Schenkungen – ebenso wie Erbschaften – abgelehnt werden, wenn die Empfänger die Gabe nicht annehmen oder Steuerzahlungen nicht aufbringen wollen.

Schenkende und Beschenkte müssen die Vermögensübertragung innerhalb von drei Monaten nach der Schenkung beim Finanzamt anzeigen. Das gilt in der Theorie für Schenkungen jeglicher Art und Höhe – auch wenn die persönlichen Freibeträge nicht überschritten werden. Bei Geburtstagsgeschenken müssen Sie nicht tätig werden, bei einem dauerhaft überlassenen Auto schon.

AUSNAHMEN VON DER ANZEIGEPFLICHT: Sie müssen die Vermögensübertragung nicht selbst melden, wenn ein deutsches Gericht oder ein deutscher Notar ein Testament oder einen Erbvertrag im Todesfall eröffnet. Das gilt ebenso bei einer notariell beurkundeten Schenkung. Geht es um Grundbesitz, Betriebsvermögen, GmbH-Anteile oder Auslandsvermögen, sind Sie wieder in der Anzeigepflicht.

Die erste Anzeige kann formlos erfolgen, viele Landesfinanzbehörden halten Vordrucke bereit. Wichtig sind in jedem Fall alle Daten der betroffenen

Erbschafts- und Schenkungssteuer

Auf Beträge unterhalb bestimmter Obergrenzen fällt keine Erbschafts- beziehungsweise Schenkungssteuer an. Eltern können ihren Kindern etwa bis zu 400 000 Euro steuerfrei verschenken oder vererben. Bei Überschreiten der Grenze kommt es auf den Betrag und die spezifische Steuerklasse an.

Erbnehmende oder beschenkte Person	Steuerfrei bis zu einem Betrag von	Spez. Steuerklassen bei einer Schenkung bzw. Erbschaft
Ehegatten und Lebenspartner	500 000 Euro	I
Kinder und Stiefkinder	400 000 Euro	I
Kinder eines verstorbenen (Stief-)Kindes	400 000 Euro	I
Kinder eines lebenden (Stief-)Kindes	200 000 Euro	I
Eltern (Betrag für Schenkung bzw. Erbe)	20 000 Euro bzw. 100 000 Euro	II bzw. I
Andere Personen (Geschwister bzw. Neffen, Freunde)	20 000 Euro	II bzw. III

Wert des steuerpflichtigen Erwerbs (§10) bis einschließlich ... Euro über den Freibetrag hinaus	Prozentsatz pro Steuerklasse		
	Steuerklasse I	Steuerklasse II	Steuerklasse III
75 000	7	15	30
300 000	11	20	30
600 000	15	25	30
6 000 000	19	30	30
13 000 000	23	35	50
26 000 000	27	40	50
über 26 000 000	30	43	50

§ Das Erbschaft- und Schenkungsteuergesetz regelt in § 19 die Steuersätze. Der Gesetzestext im Detail:

(1) Die Erbschaftsteuer wird nach den Prozentsätzen in der Tabelle unten erhoben.

(2) Ist im Falle des § 2 Absatz 1 Nummer 1 ein Teil des Vermögens der inländischen Besteuerung auf Grund eines Abkommens zur Vermeidung der Doppelbesteuerung entzogen, ist die Steuer nach dem Steuersatz zu erheben, der für den ganzen Erwerb gelten würde.

(3) Der Unterschied zwischen der Steuer, die sich bei Anwendung des Absatzes 1 ergibt, und der Steuer, die sich berechnen würde, wenn der Erwerb die letztvorhergehende Wertgrenze nicht überstiegen hätte, wird nur insoweit erhoben, als er:
a) bei einem Steuersatz bis zu 30 Prozent aus der Hälfte,
b) bei einem Steuersatz über 30 Prozent aus drei Vierteln,

des die Wertgrenze übersteigenden Betrags gedeckt werden kann.

Personen samt Beruf und Steuernummer, der Gegenstand und (gegebenenfalls geschätzte) Gegenwert der Schenkung sowie das persönliche Verhältnis der beiden Parteien und eine Auflistung vorher erfolgter Übertragungen.

Die meisten Bundesländer haben spezialisierte Finanzämter damit beauftragt, sich um Erbschaften und Schenkungen zu kümmern. Für die Zuordnung kommt es meist auf den Wohnort des Schenkers an. Nachdem die Behörden Ihre Anzeige geprüft haben, wird der von Ihnen Beschenkte zur Abgabe einer Schenkungssteuererklärung aufgefordert – wenn die Freibeträge voraussichtlich überschritten werden. Danach setzt das Finanzamt die Höhe der Steuer fest. Wenn dem nicht widersprochen wird, wird die Summe recht zügig, innerhalb weniger Wochen, in voller Höhe fällig. Dafür sollten dann ausreichend liquide Mittel vorhanden sein.

Nachlass regeln

Die meisten Menschen erben zwischen Mitte 40 und Mitte 60, wenn ihre Eltern versterben. Doch unabhängig davon, aus welchem Grund und in welchem Alter Sie eine größere Summe erhalten: Spätestens mit dem neu erworbenen Vermögen ist es sinnvoll, den eigenen Nachlass zu regeln. Die Beschäftigung mit dem eigenen Tod ist vielen Menschen unangenehm. Aber für klare Verhältnisse – finanziell wie organisatorisch – werden Ihnen vor allem Ihre eigenen Nachkommen äußerst dankbar sein.

Immerhin 66 Prozent der Deutschen haben laut eigener Aussage kein Testament aufgesetzt. Sterben Sie, ohne Ihren Nachlass vorab geregelt zu haben, tritt die gesetzliche Erbfolge in Kraft. Die teilt mögliche Erben strikt verschiedenen Ordnungen zu und verteilt das Geld nach einer festgelegten Formel. In erster Linie erben dann Kinder und Ehepartner. Bei kinderlosen Ledigen kämen zuerst Eltern oder Geschwister des Erblassers an die Reihe, im Anschluss weiter entfernte Verwandte.

Wenn Sie Ihren Nachlass selbst gestalten wollen, bietet sich ein Testament oder ein Erbvertrag an. Das verhindert, dass nach Ihrem Tod unklar ist, wie Ihr Nachlass verteilt werden soll. Häufig liegt Vermögen ja nicht nur in Geldform vor – eine Aufteilung wird dann schnell kompliziert. Bei Firmenvermögen droht gar eine Zerschlagung. Elementar wichtig ist das Testament, wenn Sie unverheiratete Lebenspartner, Stiefkinder oder enge Freunde absichern wollen.

Das Testament

Das Testament dokumentiert Ihren letzten Willen. Ein Testament ohne Notar muss vollständig handschriftlich verfasst sein, das Dokument müssen Sie im Anschluss unterschreiben. Bei gemeinsamen Testamenten von Ehepaaren müssen beide das Dokument unterzeichnen. Versehen Sie das Testament unbedingt mit dem Datum der Erstellung, sodass bei mehreren vorhandenen Testamenten nur die aktuelle Version gilt. Testamente sollten Sie sicher verwahren, etwa in einem Vorsorgeordner, in einem Safe oder bei einer Vertrauensperson.

Alternativ können Sie Ihr Testament gegen eine einmalige Gebühr für das Zentrale Testamentsregister beim örtlichen Nachlassgericht hinterlegen. Oder Sie erstellen das Testament mit einem Notar. Der trägt dafür Sorge, dass die Formulierungen rechtlich eindeutig sind und hinterlegt das Dokument ebenfalls in den Registern. Zudem ist bei einem notariellen Testament im Todesfall kein Erbschein nötig, um das Testament zu eröffnen. Die Gebühren sind abhängig von der Vermögenshöhe. Geht es beispielsweise um ein Einzeltestament über ein Vermögen von 500 000 Euro, werden, inklusive Auslagen, knapp 1300 Euro fällig.

Der Erbvertrag

In einem Erbvertrag vereinbart der zukünftige Erblasser mit mindestens einer anderen Person, wie seine Vermögenswerte nach dem Tod aufgeteilt werden sollen. Der Erbvertrag kann im Nachhinein verändert werden, aber nur, wenn alle Parteien einverstanden sind. Damit hat das Dokument eine höhere Verbindlichkeit als ein Testament, Sie engen sich deutlich stärker ein. Wird im Erbvertrag beispielsweise die Übergabe einer Immobilie vereinbart, darf der Erblasser diese nach Unterzeichnung nicht einfach verkaufen, ohne dass die zukünftigen Erben zustimmen. Bei einem Testament wird das am Ende vorhandene Vermögen aufgeteilt – verprassen Sie Ihr Geld in den letzten Lebensjahren, ist für die Nachkommen nichts mehr da.

Der Erbvertrag muss zwingend vor einem Notar beurkundet werden, alle beteiligten Parteien müssen bei der Unterzeichnung vertreten und mit den vereinbarten Regelungen einverstanden sein. Er wird wie ein notarielles Testament in den zentralen Registern hinterlegt und ermöglicht im Todesfall einen Verzicht auf den Erbschein.

Die Gebühren sind ebenfalls abhängig von der Vermögenshöhe. Angelegt wird ein Satz, der etwa doppelt so hoch liegt wie bei einem Einzeltestament. Bei einem verhandelten Vermögen von 500 000 Euro berechnet der Notar knapp 2500 Euro.

Nachlass aufteilen

Inhaltlich sind Sie sowohl beim Testament als auch beim Erbvertrag frei, wie Sie Ihr Vermögen aufteilen. Um Erbstreitigkeiten zu vermeiden, sollten Sie auf korrekte und eindeutige Formulierungen achten. Bei der Verteilung Ihres Vermögens haben Sie weitreichende Gestaltungsmöglichkeiten. Sie können eine Person oder mehrere Personen zu Erben machen, bestimmte Erben besonders begünstigen oder gewisse Auflagen anordnen – zum Beispiel, dass sich ein Erbe im Gegenzug für das Geld um die Grabpflege kümmern soll.

Sie können dabei zum einen konkrete Summen oder Werte benennen („Mein Neffe soll meinen Kleinwagen mit dem amtlichen Kennzeichen ... erhalten."; „Meiner alten Schulfreundin Renate Musterfrau vermache ich 10 000 Euro.").

Zum anderen ist es möglich, Anteile festzuhalten („Mein Sohn erhält die Hälfte meines Barvermögens."; „Meine drei Enkel erhalten die Ferienwohnung an der Nordsee zu gleichen Teilen."). Diese Variante ist vor allem sinnvoll für Vermögensgegenstände, deren Wert sich immer wieder verändert.

VORSICHT BEIM BERLINER TESTAMENT: Ehepaare greifen häufig auf das „Berliner Testament" zurück. Dabei setzen sich die Ehepartner gegenseitig als Alleinerben ein und schließen Kinder zunächst vom Erbe aus. So wird der überlebende Partner finanziell abgesichert und das Vermögen muss nicht sofort unter vielen Familienmitgliedern aufgeteilt werden. Das Problem: Bei großen Vermögen und wenigen Kindern fallen nach dem Tod des zweiten Elternteils gegebenenfalls hohe Erbschaftssteuern an, weil der Freibetrag nur 400 000 Euro pro Elternteil beträgt.

Die einzige Einschränkung beim Nachlass: Die sogenannten nächsten Angehörigen dürfen nicht komplett vom Erbe ausgeschlossen werden – meist handelt es sich dabei um Ehepartner und Kinder. Ihnen steht in der Regel immer ein „Pflichtteil" zu, den sie einklagen können (nicht müssen). Der beträgt die Hälfte des gesetzlichen Erbteils. Bleiben etwa nur zwei Kinder zurück und eines davon soll enterbt werden, hat es in den meisten Fällen trotzdem ein Anrecht auf 25 Prozent der Erbmasse (die Hälfte von 50 Prozent).

Geld spenden

Wer viel hat, kann viel geben – wenn er oder sie denn mag. Der Staat unterstützt diese Großzügigkeit: Selbst größere Zuwendungen lassen sich von der Steuer absetzen.

Eine größere Geldsumme verstärkt bei manchen Menschen den Wunsch, zu spenden. Egal ob regelmäßig oder einmalig, egal ob für einen lokalen Verein, die eigene Ausbildungsstätte oder eine international tätige Organisation: Ihre Überweisung hilft.

Zudem sorgt die gute Tat bei Ihnen für einen Steuerrabatt. Kirchen, Gemeinden, staatliche Museen, Universitäten und Vereine sowie als gemeinnützig anerkannte GmbHs gelten als steuerbegünstigt. Der häufigste Fall ist sicherlich die Geldspende. Doch Sie können auch den Gegenwert von Sachspenden und sogar den finanziellen Wert eines ehrenamtlichen Einsatzes für eine Organisation als Aufwandsspende absetzen.

Wichtig ist, dass Sie keinerlei Gegenleistung für Ihre Spende erhalten haben. Dann können Sie den Betrag als Sonderausgabe von der Steuer absetzen. Möglich ist das bis zu maximal 20 Prozent Ihrer Gesamteinkünfte in einem entsprechenden Jahr, also der Summe aus Arbeitseinkünften, Vermietungen und Kapitalerträgen. Wer 60 000 Euro eingenommen hat, darf also bis zu 12 000 Euro an Spenden absetzen. Der Finanztest-Rechner zeigt Ihnen, wie viel Steuern Sie durch Ihre Spenden sparen. Sie finden ihn unter test.de, Stichwort Sonderausgaben.

Sind Sie in einem Jahr besonders großzügig und überschreiten diese Grenze, lässt sich der überschüssige Betrag der Spendensumme in die Folgejahre übertragen. Das müssen Sie in der Steuererklärung für das Folgejahr in der Anlage „Sonstiges" vermerken – dann werden Überschüsse aus dem Vorjahr automatisch berücksichtigt. Wer regelmäßig hohe Summen spendet, muss mit der Erstattung nicht bis zum Steuerbescheid warten. Arbeitnehmer können beim Finanzamt einen Antrag auf Lohnsteuerermäßigung stellen. Das senkt die monatliche Belastung. Abgerechnet wird dann in der jährlichen Steuererklärung.

Spenden Sie bis zu 300 Euro, dann genügt dem Finanzamt der Überweisungs- oder Bareinzahlungsbeleg. Für höhere Summen benötigen Sie grundsätzlich eine Spendenbescheinigung der begünstigten Institution. In besonderen Notsituationen, etwa bei Spenden nach einer Hochwasserkatastrophe wie im Frühsommer 2024 oder Erdbeben, können auch höhere Spenden per Kontoauszug belegt werden. Ob das möglich ist, entscheiden die Finanzbehörden je nach Ereignis.

In der Regel stellen die Organisationen diese Dokumente automatisch aus. Klären Sie vor größeren Spenden beim Finanzamt, ob eine Organisation mit Sitz außerhalb des Europäischen Wirtschaftsraums (EWR) steuerlich begünstigt ist – dafür muss sie das „Ansehen Deutschlands" im Ausland fördern.

SERIOSITÄTS-CHECK: Wenn eine Organisation gemeinnützige, wohltätige oder kirchliche Zwecke fördert, erhält sie vom Finanzamt einen Freistellungsbescheid. Spenden dürfen dann abgesetzt werden. Meist lässt sich auf der Webseite sehen, ob ein solcher Bescheid existiert. Als ein Indiz dafür, ob eine Organisation verantwortungsvoll mit Spenden umgeht, dient das Spendensiegel des Deutschen Zentralinstituts für soziale Fragen (DZI).

Parteispenden

Eine Sonderregelung gibt es für Spenden und Mitgliedsbeiträge an politische Parteien und Wählervereinigungen. Bis zu einer jährlichen Summe von 1650 Euro (bei Ehepaaren 3300 Euro) zieht das Finanzamt die Hälfte des Betrags direkt von der zu zahlenden Steuer ab. Bis zu weitere 1650 Euro pro Person zählen als Sonderausgabe und senken so das zu versteuernde Einkommen – und damit letztlich die Steuerlast. Jeder Euro, der darüber hinaus gespendet wird, hat steuerlich keine Auswirkungen.

Spenden an Stiftungen

Eine weitere Sonderregel gilt für Spenden an eine Stiftung. Zahlen Spenderinnen und Spender in das Vermögen einer steuerbegünstigten Stiftung ein, können sie bis zu eine Million Euro (Ehepaare und eingetragene Lebenspartner zwei Millionen Euro) geltend machen. Der Höchstbetrag von 20 Prozent des Gesamtbetrags der Einkünfte zählt hier nicht. Den Abzug können sie alle zehn Jahre nutzen. Er lässt sich beliebig über diesen Zeitraum verteilen und in Jahren hoher Steuerlast gezielt einsetzen.

Dabei gilt: Die Stiftung muss gemeinnützige, mildtätige oder kirchliche Zwecke verfolgen, um steuerbegünstigt zu sein. Stiftungen, die sogenannte privatnützige Zwecke verfolgen, sind mit ihrem Vermögen und ihren Erträgen steuerpflichtig. Mit einer eigens errichteten Stiftung, die von da an wiederum regelmäßig Geld an Sie oder Ihre Familie ausschüttet, lassen sich also keine Steuern sparen.

Gemeinnützig vererben

Geht ein Nachlass an gemeinnützige Organisationen, müssen die keine Erbschaftssteuer bezahlen (bei der Schenkung gilt das Gleiche). Wichtig ist, zwischen Vererben und Vermachen zu unterscheiden. Beim Vererben wird die Organisation zum Alleinerben.

Beim Vermächtnis fließt, ganz nach Wunsch der Testierenden, nur ein bestimmter Geldbetrag, eine Immobilie oder ein bestimmter Gegenstand dem guten Zweck zu. Testierende können zudem festlegen, dass das Vermögen einem speziellen Projekt in der Wunschorganisation zugutekommen soll.

Steuerliche Fragen

Der Vermögenszuwachs ändert nicht automatisch etwas an Ihrer steuerlichen Situation. Aber ein wacher Blick hilft, Fristen einzuhalten und einige Stellschrauben zu optimieren.

Deutschland erhebt seit 1997 keine Vermögenssteuer mehr. Das bedeutet: Hohe Vermögen an sich, egal ob in Form von Bar- und Bankguthaben, Immobilien oder Firmenanteilen, werden nicht laufend besteuert. Eine Wiedereinführung der Vermögenssteuer wird zwar immer wieder diskutiert, aktuell gibt es keine politischen Mehrheiten dafür.

Konkret bedeutet das für Sie: Dadurch, dass Sie nun eine größere Summe besitzen, ändert sich automatisch erst einmal nichts an Ihrer steuerlichen Situation. Trotzdem ist es nicht sinnvoll, das Thema langfristig zu ignorieren. Denn je nach Lebenssituation, Anlagekonzept und Nutzung des Kapitals ergeben sich sehr wohl Punkte, die Sie entweder aus Optimierungsgründen angehen könnten oder die Sie eventuell sogar angehen müssen, weil sich Ihre Steuerkriterien verändert haben.

Einige steuerlich relevante Punkte sind bereits in den vorherigen Kapiteln genannt – da sich stark unterscheidet, ob es beispielsweise um Steuern auf Zinsen oder auf Immobilieneinnahmen geht. Die folgenden Seiten gehen daher vor allem die generellen Fragen an, die für Sie durch den Vermögenszuwachs an Relevanz gewinnen könnten.

Wichtig: Dem komplexen deutschen Steuersystem ist es geschuldet, dass sich die individuellen Situationen extrem unterscheiden (siehe „Steuerliche Beratung“, S. 154).

Steuererklärung

In vielen Fällen wird das zusätzliche Vermögen und die Art, wie Sie es einsetzen, Auswirkungen auf Ihre Einkommenssteuer haben. Diese wird bei angestellt Beschäftigten monatlich bereits vom Einkommen oder Lohn abgezogen, Freiberufler und Unternehmer zahlen im Voraus Abschläge. Wenn Sie Ihr dazugewonnenes Kapital einsetzen, können regelmäßige Einnahmen und Ausgaben dazukommen. In der Einkommenssteuererklärung lässt sich dies abrechnen.

Wer überwiegend angestellt arbeitet, verzichtet häufig darauf, eine Steuererklärung zu stellen. Dabei erhielten fast neun von zehn Steuerpflichtigen, die eine Erklärung für 2019 einreichten und nur Einnahmen aus nicht selbstständiger Arbeit und eventuell Kapitaleinkünften erzielten, Geld vom Finanzamt zurück. Steuerpflichtige bekamen bei der freiwilligen Abgabe einer Steuererklärung im Durchschnitt zuletzt 1095 Euro erstattet.

Das neu erworbene Vermögen bietet einen guten Anlass, zu überprüfen, ob Sie sich nicht doch die Mühe machen wollen. Tun Sie das freiwillig, haben Sie jede Menge Zeit – eine Abgabe kann vier Jahre rückwirkend erfolgen. Eine freiwillige Steuererklärung für das Jahr 2020 hat Zeit bis zum 31.12.2024, eine für das Jahr 2024 bis zum 31.12.2028.

Es kann aber auch dazu kommen, dass Sie durch das dazugewonnene Kapital und dessen Nutzung eine Steuererklärung machen müssen. Denn in einigen Konstellationen sind Sie zu einer Abgabe verpflichtet – die muss dann im Regelfall bis Ende Juli des Folgejahres eingereicht sein. Ob die Pflicht auf Sie zutrifft, müssen Sie jährlich für sich überprüfen. Die folgenden Beispiele decken nicht alle möglichen Bedingungen ab.

Nebeneinkünfte: Haben Sie mehr als 410 Euro aus anderen Einkommensquellen als Ihrem Arbeitslohn erhalten (nach Abzug von Werbungskosten, Pausch-, Entlastungs- und Freibeträgen), müssen Sie eine Steuererklärung abgeben. Zu diesen Nebeneinkünften zählen etwa Nebenjobs

(Minijobs sind dabei ausgenommen) sowie Einnahmen aus Vermietung oder Verpachtung.

Kapitaleinkünfte: Zinsen, Dividenden oder Gewinne, für die bereits Abgeltungssteuer automatisch abgeführt wurde, müssen Sie nicht in die Grenze der Nebeneinkünfte einbeziehen. Anders sieht es aus, wenn Sie etwa Erträge aus dem Ausland erhalten haben, für die keine Abgeltungssteuer abgeführt wurde (wurde im jeweiligen Land eine andere Quellensteuer abgeführt, lässt sich diese in manchen Fällen anrechnen). Ebenfalls steuererklärungspflichtig sind Sie, wenn fällige Kirchensteuer auf Kapitaleinkünfte nicht abgeführt oder im Vorjahr zu wenig Abgeltungssteuer bezahlt wurde.

Renten: Rentnerinnen und Rentner, die im Jahr 2024 insgesamt Einkünfte von mehr als 11604 Euro erzielen, müssen eine Steuererklärung abgeben. Ein Teil der Rente, abhängig vom Zeitpunkt des Renteneintritts, ist dabei steuerfrei (bei Renteneintritt im Jahr 2025 sind zum Beispiel 16,5 Prozent der Rente steuerfrei).

Sonderfall Erbe: Waren die verstorbenen Eltern, Ehepartner oder andere nahestehende Personen dazu verpflichtet, eine Steuererklärung abzugeben? Dann müssen Sie das für das Jahr des Todes als Erbe ebenfalls tun – allerdings im Namen des Erblassers und bezogen auf dessen finanzielle Situation.

Wichtige Steuerformulare

Über 40 verschiedene Formulare stellt der Staat allein rund um die Einkommenssteuererklärung parat. Wer sich zum ersten Mal mit der Steuererklärung befasst, kann sich schnell überfordert fühlen. Dabei sind keineswegs alle Dokumente relevant für Sie.

Im Folgenden werden einige Dokumente genannt, die mit einem höheren Vermögen oder einem überraschenden Vermögenszuwachs für viele Menschen an Bedeutung gewinnen. Das ist keineswegs eine abschließende Auflistung.

Hauptvordruck: Hieran führt kein Weg vorbei: Persönliche Daten, Beruf, Religionszugehörigkeit und Bankverbindung werden hier abgefragt und eingetragen. Zudem geben Sie an, welche weiteren Anlagen Sie Ihrer Einkommenssteuererklärung hinzufügen. Geben Sie Ihre Unterlagen in Papierform ab (das macht nur noch ein Drittel der Bundesbürger), müssen Sie den Mantelbogen zwingend unterschreiben. Bei der elektronischen Abgabe müssen Sie ein Zertifikat mit hochladen, das Sie auf den Seiten der Finanzbehörden erhalten.

Anlage Sonderausgaben: Hier werden beispielsweise Spenden und Mitgliedsbeiträge erfasst. Zudem tragen Sie hier gegebenenfalls die gezahlte Kirchensteuer ein. Absetzen können Sie nachweisbare Kosten für eine erste eigene Berufsausbildung (oder die des Ehepartners), begrenzt auf maximal 6000 Euro pro Jahr. Unterhaltszahlungen an geschiedene Ehepartner sind ebenfalls abzugsfähig. Pauschal berücksichtigt das Finanzamt für diese Themen nur 36 Euro pro Steuerpflichtigem und Jahr. Ein Ausfüllen lohnt sich also rasch.

Anlage KAP: Bei Zinserträgen, Dividenden und realisierten Gewinnen aus inländischen Anlagen wird automatisch die Kapitalertragssteuer abgezogen, sobald die im Depot eingestellte Höhe des persönlichen Freibetrags von insgesamt maximal 1000 Euro erreicht ist (siehe S. 47). Bei mehreren Konten oder ETF ist dieser Betrag schnell ausgereizt. In der Anlage KAP können Sie daher noch einmal alle Erträge und gezahlten Steuern eines Jahres zusammenführen; so kann das Finanzamt endgültig abrechnen. Die Anlage KAP ist aber keine Pflicht, normalerweise kümmert sich die Bank automatisch um die Abgeltungssteuer. Relevant ist dieses Formular zudem, wenn Sie viele Einnahmen aus ausländischen Fonds, ETF oder Konten haben. Hier erhalten Sie unter Umständen Quellensteuer zurück. Die wird vom jeweiligen ausländischen Staat direkt abgezogen. Mit vielen Ländern hat Deutschland ein Doppelbesteuerungsabkommen, sodass die im Ausland gezahlte Steuer (teilweise) auf die deutsche Steuerzahlung angerechnet werden kann. Wenn Sie Ihren Lebensunterhalt überwiegend aus Ihrem Vermögen und dessen Erträgen bestreiten, können Sie einen Haken im Feld „Günstigerprüfung" setzen. Dann prüft das Finanzamt, ob Ihr persönlicher Durchschnittssteuersatz unter den 25 Prozent der Kapitalertragssteuer liegt. Grob dürfte das bei Arbeitseinkommen unter 20 000 Euro der Fall sein.

Anlage N: In diesem Formular werden „Werbungskosten" von Angestellten berücksichtigt. Das Finanzamt setzt pro Jahr automatisch eine Pauschale von 1230 Euro für berufliche Ausgaben fest. Sobald Sie darüber liegen, lohnt sich ein Ausfüllen in jedem Fall – unabhängig vom Vermögensstand. Klassiker sind hier die Entfernungspauschale („Pendlerpauschale") für den Weg zur Arbeit, Kosten für ein Arbeitszimmer daheim oder Ausgaben für beruflich bedingte Versicherungen (Berufshaftpflicht, Rechtsschutz, Unfallversicherung). Haben Sie bereits eine erste Ausbildung abgeschlossen, lassen sich berufliche Fortbildungen oder Weiterbildungen absetzen – etwa für ein Zweitstudium, Sprachkurse oder Zertifikatslehrgänge, weil Sie sich nach dem Vermögenszuwachs beruflich neu orientieren wollen. Fallen diese Ausgaben an, während Sie kein Geld verdienen (in Elternzeit oder Arbeitslosigkeit), lassen Sie in der Anlage einen Verlustvortrag feststellen – dann werden sie mit Einkünften aus Folgejahren verrechnet.

Anlage SO (sonstige Einkünfte): Haben Sie Gewinne gemacht, weil Sie mit Bitcoin, Gold und Co. gehandelt haben? In dieser Anlage werden die entsprechenden Werte eingetragen. Ein Gewinn von 1000 Euro oder mehr im Jahr ist steuerpflichtig. Vermieten Sie Ihr Auto, Ihr Motorrad, Ihr Segelboot ab und zu? Das gehört hier aufgeführt und wird besteuert, sobald Sie Einkünfte von mehr als 255 Euro generieren. Mögliche Verluste aus all diesen Anlagen oder Vermietungen können Sie gegenrechnen – und gegebenenfalls sogar in die Folgejahre übertragen. Zudem vermerken Sie in dieser Anlage, falls Sie den Maximalbetrag für Spenden in einem Jahr überschreiten.

Anlage V: Die Anlage ist inzwischen aufgespalten. In Anlage V tragen Sie Einkünfte aus Vermietung und Verpachtung ein, etwa aus einem vermieteten Haus oder einem verpachteten Ladenlokal. Für Ferienwohnungen speziell gilt Anlage V-FeWo. Zusätzlich gibt es noch die Anlage V-Sonstige für spezielle Vermietungssituationen. Vermieter können unter anderem einige Hausnebenkosten, Ausgaben für Sanierungen, Verwaltungskosten oder die Grundsteuer absetzen – und die Zinsen für einen Immobilienkredit. Haben Sie eine Immobilie nicht für den Eigengebrauch, sondern als Kapitalanlage gekauft, können Sie zudem jedes Jahr 2 Prozent der Anschaffungskosten (Kaufpreis und Kaufnebenkosten) abschreiben. Das gilt, solange das Finanzamt eine Vermietung nicht als „Liebhaberei" einstuft. Das wäre etwa der Fall, wenn Sie Verwandten oder Freunden eine Wohnung außergewöhnlich günstig vermieten.

Anlage Vorsorgeaufwand: Der Staat honoriert, wenn Sie sich absichern oder für das Alter vorsorgen. In dieser Anlage tragen Sie dafür zum Beispiel die Ausgaben für die Kranken- und Pflegeversicherung sowie die Beiträge zur gesetzlichen Rentenversicherung ein. Die Daten werden ohnehin automatisch berücksichtigt, weil sie direkt von den Versicherern an das Finanzamt übermittelt werden. Darüber hinaus lassen sich eventuell zusätzliche Versicherungsbeträge absetzen, etwa eine Risikolebensversicherung, die private Unfallversicherung oder die Kfz-Haftpflicht (keine Kaskoversicherungen). Meist ist der Spielraum für den Steuerabzug aber schon durch die Beiträge zur Krankenversicherung ausgeschöpft.

Zahlen Sie freiwillig mehr Geld an die gesetzliche Rentenversicherung als Sie es etwa aufgrund Ihres Einkommens als Angestellter müssen, können Sie diese freiwilligen Sonderzahlungen an die Rentenkasse ebenfalls hier abrechnen. Verteilen Sie diese Einzahlungen gegebenenfalls auf mehrere Jahre. Denn pro Jahr ist die Summe gedeckelt. Für das Jahr 2024 beträgt sie 27 566 Euro für eine einzelne Person.

Steuersoftware

Wer sich nicht in die Feinheiten des deutschen Steuerrechts einarbeiten mag, der kann sich Unterstützung suchen. Spezialisierte Softwareprogramme führen Steuerpflichtige strukturiert durch die wichtigsten Eingabefelder. Juristische Formulierungen übersetzen sie dabei in leicht verständliche Fragebögen, Pauschalen werden in vielen Fällen automatisch berücksichtigt. Oft werden durch regelmäßige Softwareupdates neue steuerliche Regelungen – also aktualisierte Freibeträge oder etwa die Home-Office-Pauschale – mitberücksichtigt.

Generell gilt: Je simpler die steuerliche Situation, desto besser kommen die Programme zurecht. In sehr komplexen Fällen, wenn beispielsweise verschiedene Einnahmequellen aus verschiedenen Zeiträumen und Ländern berücksichtigt werden müssen, geraten die digitalen Helfer an ihre Grenzen – weil sie überwiegend standardisierte Abläufe abfragen. Im Mai 2024 haben wir 31 Steuersoftwares untersucht, die als Desktop-, Web- oder Mobile-App erhältlich sind und sich für Angestellte, Studierende und Ruheständler eignen.

Viele der Programme haben gut abgeschnitten. Sowohl für den PC als auch für das Smartphone schnitt Wiso Steuer (45,99 Euro) am besten ab, mit Note 1,3. Fast genauso gut, aber nur halb so teuer ist Preis-Leistungs-Sieger Tax für 19,99 Euro vom selben Anbieter, mit Note 1,4.

Bedenken Sie, dass für Rentner, Vermieterinnen und Selbstständige einige Programme nicht hilfreich sind. Welches sich eignet, erfahren sie in den Tabellen des Tests. Alle Ergebnisse finden Sie in Finanztest-Heft 5/2024 sowie online auf test.de, Stichwort Steuersoftware.

Mit weniger Steuertipps müssen die Steuerpflichtigen auskommen, die ihre Steuererklärung nicht mit kostenpflichtiger Software, sondern direkt über das Elster-Portal der Finanzverwaltung abgeben. Der Begriff steht für „ELektronische STeuerERklärung", dahinter verbirgt sich das kostenlose Steuerportal der Finanzverwaltung. Über die Internetseite lassen sich zahlreiche steuerliche Vorgänge und Verpflichtungen erledigen, vom Wechsel der Steuerklasse über die Abgabe der Erklärung bis zum Abrufen des Steuerbescheids. Bescheinigungen von Arbeitgebern und Versicherungen, die dem Finanzamt bereits vorliegen, können automatisch integriert werden.

Elster bietet einen großen Funktionsumfang, jedoch keine intuitive Benutzerführung – überwiegend sind Papiervordrucke in digitale Formulare übersetzt. Damit eignet sich die Nutzung vor allem für diejenigen, die zuvor bereits souverän Ihre Steuererklärung ausgefüllt haben.

Steuerliche Beratung

Wer persönliche Beratung und Begleitung bei Steuerfragen sucht, für den stehen Lohnsteuerhilfevereine und Steuerberater bereit – lediglich Gewerbetreibenden und Selbstständigen steht nur die Steuerkanzlei offen. Die Beratung erledigt die nötige Arbeit, um Einkünfte zu ermitteln und relevante Ausgaben abzuziehen. Zudem werden dort die Formulare ausgefüllt und es wird die Kommunikation mit dem Finanzamt übernommen.

Beratungsgebühren können Sie je nach Sachverhalt ganz oder teilweise steuerlich geltend machen. Beim Steuerberater lassen sich beruflich bedingte Kosten absetzen. Ausgaben für einen Lohnsteuerhilfeverein oder für Steuersoftware können Sie bis zu 100 Euro ansetzen. Bei Kosten zwischen 100 und 200 Euro können 100 Euro steuermindernd geltend gemacht werden, bei über 200 Euro pauschal die Hälfte Ihrer Ausgaben. Weitere Informationen finden Sie online unter test.de/steuerberatung sowie in Finanztest-Heft 4/2024.

Je sortierter und vollständiger Sie die notwendigen Gehaltsabrechnungen, Versicherungen, Rechnungen oder Übersichten über weitere Einkünfte zusammentragen, desto unkomplizierter (und günstiger) wird die Zusammenarbeit.

Lohnsteuerhilfevereine: Diese Einrichtungen dürfen Angestellte, Beamte sowie Renten- oder Pensionsempfänger beraten. Die Einkommenshöhe ist egal. Mitglieder dürfen nicht mehr als insgesamt 18 000 Euro

(36 000 Euro für Ehepaare) an zusätzlichen Einnahmen aus Kapitalvermögen, Vermietung und Verpachtung erzielen.

Die Vereine beraten und erstellen für ihre Mitglieder die Einkommenssteuererklärung. Sie berechnen die Höhe der Steuernachzahlung oder -rückerstattung, prüfen den Steuerbescheid und legen notfalls fristgerecht Einspruch ein. Im Streitfall führen sie die Klagen vor den Finanzgerichten, sofern das sinnvoll erscheint. Zudem beraten sie zur Wahl der passenden Steuerklasse.

Die Aufnahme in einen Lohnsteuerhilfeverein kostet in aller Regel eine einmalige Gebühr, dazu kommen jährliche Mitgliedsbeiträge, die sich an der Höhe der Bruttojahreseinnahmen orientieren. Mitglieder mit höheren Einnahmen zahlen dabei höhere Beiträge als Mitglieder mit geringen Einnahmen. Die großen Vereine eines Finanztest-Vergleichs von 2024 verlangten zwischen 31 und 514 Euro pro Jahr.

Steuerberater: Steuerberater bieten in der Regel eine breite Palette an Dienstleistungen an. Die relevanteste für die meisten Bürgerinnen und Bürger ist die Erstellung der jährlichen Einkommenssteuererklärung. Ein Teil davon kann die Einkünfteermittlung sein – wenn Sie eben nicht nur ein normales Gehalt beziehen, sondern aus Ihrem angelegten Vermögen obendrein Einnahmen aus Kapitalerträgen, Vermietung oder Verpachtung haben.

Wie viel ein Steuerberatungsbüro für seine Tätigkeiten verlangen darf, regelt die umfangreiche Steuerberatervergütungsverordnung (StBVV). Es gilt die Grundregel: Je höher der sogenannte Gegenstandswert ist (also beispielsweise die Einnahmen) und je komplexer der Fall, desto höher fällt die Rechnung aus. Je nach Sachverhalt ist die konkrete Summe unterschiedlich zu berechnen – ihm wird jeweils eine bestimmte Höchstgebühr zugeordnet. Verlangen Berater für eine Tätigkeit mehr als die mittlere Gebühr, müssen sie das begründen.

In der Regel dürfte ein mittlerer bis hoher dreistelliger Betrag pro Jahr anfallen. Geht es um die Klärung individueller Fragen, etwa zur steuerlichen Optimierung des Vermögens, rechnen die Steuerberater nach Stundensätzen ab – über die Höhe muss der Dienstleister Sie im Vorfeld informieren.

Service

Diese Welt-ETF sind „1. Wahl"

All diese 14 ausgewählten ETF aus der Gruppe Aktien Welt: Marktbreit können Sie bedenkenlos als Basis für Ihr Pantoffel-Portfolio verwenden. Achten Sie lediglich auf den Unterschied von thesaurierend oder ausschüttend. Mehr als 23 000 Fonds finden Sie online in unserer Fondsdatenbank unter test.de/fonds.

ETF					Rendite über ... Jahre (% p.a.)		
Anbieter	Nachgebildeter Index	Isin	A/T	Kosten (% p.a.)	10	5	1
HSBC	MSCI World	IE00B4X9L533	A	0,15	12,0	13,3	22,1
SPDR	MSCI World	IE00BFY0GT14	T	0,12	–	13,2	22,3
Amundi	Solactive GBS Developed Markets Large & Mid Cap	LU1931974692	A	0,05	–	13,1	22,2
Xtrackers	MSCI World	IE00BK1PV551	A	0,12	–	13,1	22,2
UBS	MSCI World	IE00B7KQ7B66	A	0,10	11,9	13,1	22,1
iShares	MSCI World	IE00B4L5Y983	T	0,2	12,0	13,1	22,1
Amundi	MSCI World	LU1781541179	T	0,12	–	13,0	22,0
Deka	MSCI World	DE000ETFL508	A	0,30	–	12,9	22,2
Vanguard	FTSE Developed	IE00BKX55T58	A	0,12	–	12,9	21,8
iShares	MSCI All Country World (ACWI)	IE00B6R52259	T	0,20	11,0	12,0	21,2
Vanguard	FTSE All-World	IE00B3RBWM25	A	0,22	11,1	11,9	20,9
SPDR	MSCI All Country World (ACWI)	IE00B44Z5B48	T	0,40	11,1	11,8	21,0
SPDR	MSCI ACWI Investable Market (IMI)	IE00B3YLTY66	T	0,17	11,0	11,6	19,9
Amundi	Solactive GBS Global Markets Large & Mid	IE0009HF1MK9	A	0,07	–	–	–

ETF-Auswahl. Reihenfolge nach Anlageerfolg, Rendite und Kosten. T = Thesaurierend. A = Ausschüttend.
Stand: 30.06.2024. Quelle: FWW, LSEG, eigene Erhebungen und Berechnungen.

Stichwortverzeichnis

Manuel Heckel ist freier Wirtschaftsjournalist und Autor in Köln. Der studierte Volkswirt und Politikwissenschaftler schreibt regelmäßig für das Handelsblatt, die Wirtschaftswoche, das Magazin t3n und zahlreiche andere Medien über Finanzen und Verbraucherfragen. Darüber hinaus schreibt er über die Digitalisierung und deren Auswirkungen auf Unternehmen, Geschäftsmodelle und die Arbeitswelt.

Jan Wittenbrink schreibt als freier Wirtschaftsjournalist unter anderem für das Handelsblatt über Technologie- und Verbraucherthemen. Als Autor verfasst er infografische Sachbücher und stellt dabei Wissen möglichst anschaulich und visuell dar.

Die Stiftung Warentest wurde 1964 auf Beschluss des Deutschen Bundestages gegründet, um dem Verbraucher durch vergleichende Tests von Waren und Dienstleistungen eine unabhängige und objektive Unterstützung zu bieten. Mehr zu unserem Qualitätsanspruch und viele weitere Bücher finden Sie unter www.test.de.

Unser Umweltversprechen

Dieses Buch wurde unter Einhaltung hoher Umweltstandards nachhaltig und ressourcenschonend in Deutschland produziert.

100% Recyclingpapier · Mineralölfreie Druckfarben

1. Auflage

ISBN: 978-3-7471-0839-0
Stiftung Warentest
Lützowplatz 11–13, 10785 Berlin
www.test.de, email@stiftung-warentest.de
USt-IdNr.: DE136725570

Vorständin: Julia Bönisch
Weitere Mitglieder der Geschäftsleitung: Dr. Holger Brackemann, Daniel Gläser, Dr. Birger Venn-Hein

Programmleitung: Niclas Dewitz
Autoren: Manuel Heckel, Jan Wittenbrink
Projektleitung: Johannes Tretau
Lektorat: Magnus Enxing, Münster
Fachliche Unterstützung: Isabell Pohlmann, Jörg Sahr, Max Schmutzer
Korrektorat: Dirk Drews, Berlin
Grafik, Satz: Christian Königsmann, Annett Hansen, Berlin
Bildnachweis: AdobeStock; Getty Images; René Reichelt (S. 64)
Verlagsherstellung: Rita Brosius (Ltg.), Romy Alig, Susanne Beeh
Druck: MEO MEDIA, eine Marke der Meinders & Elstermann GmbH & Co. KG, Belm